Mark Kleinknecht

Wohngemeinschaften für Menschen mit Demenz und ihre Anforderungen an das Pflegepersonal

Der Effekt eines alternativen Demenzverständnisses auf neue Wohnformen

Bibliografische Information der Deutschen Nationalbibliothek:

Die Deutsche Nationalbibliothek verzeichnet diese Publikation in der Deutschen Nationalbibliografie; detaillierte bibliografische Daten sind im Internet über http://dnb.d-nb.de abrufbar.

Impressum:

Copyright © Studylab

Ein Imprint der GRIN Verlag, Open Publishing GmbH

Druck und Bindung: Books on Demand GmbH, Norderstedt, Germany

Coverbild: GRIN | Freepik.com | Flaticon.com | ei8htz

Inhaltsverzeichnis

Abbildungsverzeichnis

Abb.1 Kolanowski, A. (1999): An overview of the Need-Driven Dementia-Compromised Behavior Model. Journal of Gerontological Nursing 25(9): 7-9.

1 Einführung in den Themenbereich

1.1 Problemstellung

Die Gesellschaft Deutschlands ist einem ständigen Wandel unterzogen. Es ist eine demografische Tatsache, dass es in Zukunft wesentlich mehr ältere Menschen geben wird und somit langfristig auch immer weniger Menschen, die alleine, eigenständig und eigenverantwortlich leben können (vgl. Ernst 2005). Das Altern bringt zwangsläufig auch altersspezifische Erkrankungen mit sich, gerade auch die Psyche betreffend, wie beispielsweise in Form einer demenziellen Erkrankung. Doch alt zu sein bedeutet weder untätig sein zu müssen, noch darf es bedeuten, dass Menschen ab einem bestimmten Alter unnütz sind. Das Gefühl gebraucht zu werden und in einer Gemeinschaft von Wert zu sein, ist für das menschliche Dasein von unschätzbarem Wert. Das Bedürfnis Eigenständigkeit beizubehalten ist immer mehr älter werdenden Menschen besonders wichtig. Erfüllt man dieses Bedürfnis nicht, kann dies im Umkehrschluss zu einer massiven Beeinträchtigung der körperlichen Gesundheit, der Psyche und des allgemeinen Wohlbefindens der Menschen in jedem Alter kommen. Somit kann die Untätigkeit vieler Bewohner in Altersheimen und die damit einhergehende Tatsache, dass Menschen dort keine Aufgabe mehr zukommt, dazu führen, dass sie sich nutzlos vorkommen und sie sowohl körperlich als auch psychisch negativ beeinträchtigt werden. Dass auch soziale Kontakte im schlimmsten Falle auf ein Minimum reduziert werden, führt in vielen Fällen zu einer Verschlechterung des Allgemeinzustandes (vgl. Wittlich 2006).

Doch stellt sich in diesem Zusammenhang die Frage, wohin mit den alten Menschen, die ihr Leben eigenständig verbracht haben und nun in einem höheren Alter einerseits Unterstützung und andererseits noch immer eine Aufgabe brauchen. Eine mögliche Antwort kann die Wohngemeinschaft für Menschen mit Demenz sein. Hier soll es im Gegensatz zum Altenheim darum gehen, ältere Menschen zu unterstützen und ihnen doch ein möglichst hohes Maß an Eigenständigkeit und Eigenverantwortung zu ermöglichen. Auch dem Aspekt der sozialen Isolation mag durch Demenzwohngemeinschaften entgegengewirkt werden.

Doch diese besondere Wohnform führt aufgrund der Spezialisierung zu Herausforderungen im Bereich der pflegerischen Betreuung. Demenz hat sehr unterschiedliche Ausprägungsformen. Menschen mit Demenz in jeglicher Ausprägung haben Anspruch auf ein würdiges Leben, das möglichst lange in vertrauter Umgebung zugebracht werden sollte. Wenn dies aus verschiedenen Gründen nicht mehr möglich ist, sollte die neue Umgebung so schnell und reibungslos wie nur eben denkbar zu einer vertrauten werden. Das betrifft das Zimmer, in dem der demente Mensch lebt, die Umgebung des Zimmers, die Mitbewohner und das pflegerische Personal. All diese Grundsätze in den Pflegealltag innerhalb von Demenzwohngemeinschaften zu implementieren und diesen Prozess durch Mitarbeiter verfolgen zu lassen, stellt die pflegerische Arbeit vor eine große, in dieser Form neue, Herausforderung.

Die Fragestellung der vorliegenden Arbeit lautet daher, welche besonderen Herausforderungen das Konzept der Wohngemeinschaften für Menschen mit Demenz an das pflegerische Denken und Handeln stellt und wie im Sinne der Bewohner und auch der Pflegenden damit umgegangen werden sollte.

1.2 Zielsetzung und Vorgehensweise dieser Arbeit

Um dieser Fragestellung näherzukommen, soll im ersten Teil dieser Arbeit ein Porträt der häufigsten psychischen Veränderungen und des herausfordernden Verhaltens erstellt werden. Das Wissen darüber ist für die pflegerische Arbeit in einer Demenzwohngemeinschaft von unerlässlichem Wert und nur unter Berücksichtigung der Veränderungen im Alter, kann eine Demenzwohngemeinschaft adäquat aufgebaut und erhalten werden. Gleichzeitig soll hier der Perspektivwechsel weg von der Bezeichnung „psychische Störung" hin zu „herausforderndem Verhalten" genauer beleuchtet werden.

In Kapitel drei wird aufbauend auf das vorausgegangene Kapitel das Konzept der Wohngruppen für demenziell erkrankte Menschen vorgestellt. Hier werden sowohl konzeptionelle Rahmenbedingungen und Prinzipien als Basis für den Aufbau der Demenzwohngemeinschaft aufgezeigt als auch Kernprozesse des pflegerischen Alltags in der Demenzwohngemeinschaft beschrieben.

Aus diesen ersten Kapiteln entwachsen nicht zu unterschätzende Herausforderungen an das pflegerische Denken und Handeln. Eine neue Wohnform mit neuen Rhythmen, neuen Abläufen und neuen Prozessen bedeutet ebenso eine Veränderung der Pflege in so einer neuen Institution. Neben Altbekanntem und Bewährtem, wie z.B. der Bezugspflege, halten andere pflegerische Tätigkeiten, wie z.B. die Förderung der Selbstständigkeit, Einzug. Weitere pflegerische Interventionen bei herausforderndem Verhalten sollen in diesem Kapitel vorgestellt werden, wobei der Fokus auf dem pflegerischen Handeln liegt.

Um einen Praxisbezug herzustellen, gilt es im fünften Kapitel herauszustellen, welche Instrumente und Maßnahmen aus dem Pflegemanagement dazu geeignet sind, den Herausforderungen an die Pflege zu begegnen. Im Abschluss dieser Arbeit wird eine kurze Zusammenfassung der Erkenntnisse im Hinblick auf die Fragestellung dieser Arbeit gegeben, um mit einem Ausblick zu enden.

2 Demenz und herausforderndes Verhalten als Ausgangssituation für die pflegerische Versorgung innerhalb von Wohngemeinschaften

Die Gerontopsychiatrie ist der Teilbereich der Psychiatrie, der sich mit den Problemen und seelischen Krankheiten älterer Menschen beschäftigt. In einer Gesellschaft, in der es einen immer weiter wachsenden Anteil an älteren und durch das Alter bedingt hilfsbedürftigen Menschen gibt, hat sich die Gerontopsychiatrie zu einem wichtigen Fachbereich mit speziellem Angebot entwickelt (vgl. Mayr, Waibel 2006: 182). Da in einer Demenzwohngemeinschaft vorwiegend Menschen mit demenzieller Veränderung leben, ist das Fachwissen diesbezüglich für Pflegende unerlässlich. Ebenso ist es wichtig, sich mit einem alternativen Verständnis von Demenz zu befassen, da dies in der alltäglichen Interaktion mit Menschen mit Demenz unerlässlich ist. Daher soll in diesem Kapitel zunächst die Demenz als häufigste Form der Veränderung im Alter erörtert werden, um anschließend den Begriff des „herausfordernden Verhaltens" mit der Demenz in Bezug zu bringen.

2.1 Demenzen als häufigste Formen psychischer Veränderungen im Alter

In Deutschland leben schätzungsweise etwa eine Million Menschen ab 65 Jahren mit Demenz (vgl. Weyerer 2003: 7). Laut Berger (2004 zitiert nach Mayr, Waibel 2006: 183) leiden „1 bis 4 % der 65-69-Jährigen und 8-15% der Menschen zwischen 80 und 84 Jahren unter einer Demenz. Bei den über 90-Jährigen sind es sogar 30%". 11% bis 65% dieser Menschen zeigen herausforderndes Verhalten, worauf in Kapitel 2.2 genauer einzugehen ist. Um die Auswirkungen dieser Zahlen für die Pflege erfassen zu können, gilt es zunächst den Begriff der „Demenz" genauer zu definieren. Er kommt aus dem Lateinischen und bedeutet „unvernünftig" oder auch „abnehmender Verstand", was einen ersten Eindruck von der Situation der betroffenen Menschen vermittelt.

„Unter dem Begriff Demenz versteht man eine progredierende [...] Hirnschädigung, die den Verlust der geistigen Leistungsfähigkeit, vor allem die Abnahme von Gedächtnisleistungen und Denkvermögen, zur Folge hat. Dieser Verfall betrifft zunächst die Aufnahme bzw. das Wiedergeben neuer gedanklicher Inhalte, so dass die Orientierung, die Urteilsfähigkeit, aber auch die Sprach- und Rechenfähigkeit und Teile der Persönlichkeit, zerstört werden" (Mayr, Waibel 2006: 183).

Dadurch verändert sich der demenziell erkrankte Mensch in seinem ganzen Wesen. Doch eine solche Definition wäre noch zu eng gefasst, da es verschiedene Formen der Demenz gibt. Man unterscheidet hauptsächlich zwischen primärer und sekundärer Demenz. Bei der primären Demenz liegt die ursprüngliche Schädigung im Gehirn. Bei der sekundären Demenz liegt die Ursache bei äußeren Faktoren bzw. sind andere Erkrankungen ursächlich. Vitamin B12-Mangel, schwere Infektionen oder auch Herz-Rhythmusstörungen können eine sekundäre Demenz verursachen Die am Häufigsten auftretende Form der Demenz ist die Demenz vom Alzheimer-Typ (DAT), eine primäre Form der Demenz. Ca. 60% aller auftretenden Demenzen lassen sich diesem Typ zuordnen[1] (vgl. Mayr, Waibel 2006: 184). Da es im Rahmen dieser Arbeit nicht möglich ist, auf alle Demenztypen einzugehen, wird die DAT exemplarisch genauer betrachtet.

2.1.1 Ursachen von Demenz vom Alzheimer-Typ

Meist beginnt die Krankheit schon Jahre bevor die ersten Symptome auftreten, werden aber oft weder von den Betroffenen selbst noch von Angehörigen als beginnende Demenz wahrgenommen. Im Gehirn entstehen dabei Ablagerungen aus Eiweissbruchstückchen. Diese verhindern die Kommunikation der Nervenzellen, was zum Absterben der Selbigen führt. Betroffen sind dabei Gehirnregionen, die für die Entwicklung von Gedächtnis, Sprache und auch der allgemeinen Denkfähigkeit zuständig sind. Warum genau diese Ablagerungen entstehen ist bis heute nicht hinreichend erforscht. Auch die Auslöser der Krankheit können bisher wissenschaftlich nicht genau identifiziert werden. Es besteht lediglich die begründete Annahme, dass mehrere Faktoren ursächlich für die Entstehung einer Demenz vom Alzheimertyp sind. Nur in Ausnahmefällen sind Genveränderungen Auslöser der Demenz und sie bricht in früheren Jahren aus (vgl. Mayr, Waibel 2006: 184f).

2.1.2 Klassifizierung von Verhaltensformen und Verlauf der Demenz

Die Symptome der Alzheimer-Demenz lassen sich in zwei Gruppen einteilen: die kognitiven Störungen (Gedächtnisstörungen) und die nicht-kognitiven Symptome (Verhaltensauffälligkeiten). Die jeweils aus den unterschiedlichen Symptomen entstehenden Probleme bezeichnet man als mangelnde Alltagskompetenzen. Zur

---

[1] Auf spezifische Symptome soll in Kapitel 2.1.2 genauer eingegangen werden.

Beschreibung der Symptome lehne ich mich an die Ausführungen Mayrs und Waibels an (vgl. 2006: 184f):

Das bekannteste kognitive Symptom ist die Störung des Kurzzeit- und Langzeitgedächtnisses. Dies kann unterschiedlich intensiv ausgeprägt sein und es ist häufig möglich, dass sich Patienten mit Demenz nicht mehr an Ereignisse aus der nahen Vergangenheit erinnern können, jedoch eine rege Erinnerung an ihre Jugend haben. Des Weiteren können Aphasien auftreten. Dabei haben die Patienten eine Störung des Sprach- und Begriffsverständnisses, was einerseits dazu führt, dass sie selbst nicht die richtigen Worte finden können und andererseits verstehen sie das zu ihnen Gesagte nicht mehr. Verständigungsprobleme sind ein häufiger Auslöser für aggressives Verhalten aber auch für eine daraus resultierende Vereinsamung, da Kommunikation in schweren Fällen nahezu unmöglich wird (vgl. Halek 2006: 39). Nicht selten treten Apraxien auf. Dieser Begriff bezeichnet die Unfähigkeit des Patienten zum zweckmäßigen Handeln trotz intakter Fähigkeiten zu Einzelbewegungen. Sie wissen nicht mehr, wie man die Tür öffnet, sich die Hose zumacht oder wie man isst. Dies stellt viele Menschen vor große Probleme, da sie nicht mehr in der Lage sind den Alltag in der eigenen Wohnung selbstständig zu meistern. Ein anderes weit verbreitetes Symptom ist die Störung der Exekutivfunktion, also des Organisierens, Planens und Abstrahierens. Auch hier wird deutlich, dass das selbstständige Leben im eigenen Haushalt äußerst schwierig werden kann, sollte eine Störung der Exekutivfunktion vorliegen. Eine weitere Beeinträchtigung ist die Agnosie ist die Unfähigkeit Gegenstände wiederzuerkennen. Patienten benutzen beispielsweise die Zahnbürste als Kamm oder erkennen ihr künstliches Gebiss nicht mehr als solches und benutzen es infolgedessen nicht mehr. Als weiteres Symptom beschreibt die Fachliteratur die Einschränkung des räumlichen Vorstellungsvermögens. Die Orientierung der Patienten ist in so weit gestört, dass sie sich in einer unbekannten Umgebung nicht mehr zurechtfinden und sich verlaufen können, sollten sie auf sich gestellt sein. Dass Angehörige und Freunde nicht mehr erkannt werden, gehört ebenso zu den Symptomen einer Demenz, wie auch das Verlegen von Dingen. Auch hier wird erkennbar, mit welchen alltäglichen Problemen sich Menschen mit Demenz konfrontiert sehen.

Zu den nicht-kognitiven Symptomen, also den Verhaltensauffälligkeiten, zählen Verhaltensänderungen, die teils aus den oben beschriebenen Symptomen resultieren oder auch unabhängig davon entstehen können. Häufig kann es sein, dass ein gestörter Tag-Nacht-Rhythmus und auch Depressionen bei Demenzkranken auftreten. Es ist für diese Patienten wichtig, einem klar strukturierten Tagesablauf nachzugehen, um dem entgegenzuwirken. Unruhe und Misstrauen können ebenso wie eine Veränderung des Sozialverhaltens vorkommen. Häufig resultieren diese Merkmale aus kognitiven Symptomen, da sie sich gegenseitig begünstigen. Seltener treten Halluzinationen, Wahnsymptome, eine Verminderung der Affektkontrolle und auch Aggressivität auf. Abhängig von der Intensität der jeweiligen Symptome führt die Demenz dazu, dass eine eigenständige Bewältigung des Alltags immer schwieriger für die Patienten wird (vgl. Mayr, Waibel 2006: 185f).

Der Verlauf der Demenz vom Alzheimer-Typ lässt sich in drei Stadien gliedern: das frühe, mittlere und späte Stadium. Im frühen Stadium zeigen die Patienten zunächst kaum Auffälligkeiten. Eventuelle Symptome, wie z.B. das Vergessen von Terminen oder das Verlegen von Gegenständen, wird von ihnen selbst und auch von Angehörigen häufig nicht wahrgenommen oder sogar verdrängt. Der Leidensdruck der Patienten wächst mit der Beeinträchtigung des Kurzzeitgedächtnisses (vgl. Halek 2006: 21). Im mittleren Stadium kommt es zu einer Ausprägung der Symptomatik, da die Gedächtnisbildung und Sprachverarbeitung zunehmend betroffen sind. Dies führt dazu, dass sowohl das Denken als auch das Handeln beeinträchtigt werden. Oft wissen Betroffene im Gespräch nicht mehr was sie sagen wollten und ihr Handeln und Reden wird stereotyp. Dadurch gelingt es für eine gewisse Zeit, eine Fassade aufrecht zu erhalten, die die Demenz verschleiert. Aber auch die Orientierung und Alltagsfunktionen werden zunehmend in Mitleidenschaft gezogen, sodass der Patient Unterstützung benötigt. Erst im späten Stadium ist die selbstständige Lebensführung nicht mehr möglich. Da die kognitiven Fähigkeiten hochgradig beeinträchtigt sind, kommt es nun zu einer vollständigen Abhängigkeit der Betroffenen. Zusätzlich kommen nun auch körperliche Probleme hinzu. Inkontinenz und Sturzgefahr beeinträchtigen die Patienten und häufig kommt es zur Bettlägerigkeit. Die häufigste Todesursache ist die Pneumonie (vgl. Mayr, Waibel 2006: 186f).

2.2 Gründe für einen Perspektivwechsel im Verständnis von Demenz

Im vorangegangenen Kapitel wurden Symptome bzw. Verhaltensformen beschrieben, die mit einer Demenz einhergehen oder im Laufe einer Demenz auftreten können. Bartholomeyczik et al. (vgl. 2006: 13f) weist allerdings darauf hin, dass in der Literatur, je nach Studie, andere Verhaltensweisen beschrieben werden und dass es keine einheitliche Definition von „Verhaltensauffälligkeiten oder –störungen gibt", wenngleich bei vielen demenziell veränderten Menschen Depression, Angst und auch Aggression auftreten. Ihren Ausführungen nach ist das

Wissen um spezifische Verhaltensweisen zwar unabdingbar für die Pflege, dennoch fordert sie ein alternatives Verständnis von Demenz, denn Verhaltensweisen, wie in Kapitel 2.1 beschrieben, werden im deutschen Sprachraum oft als problematisch, abweichend oder störend bezeichnet. Oft herrscht ein Verständnis von Symptomen vor, das die Quelle des Verhaltens in der kranken Person findet und die Ursache für deren Verhalten in der Krankheit sieht. Eine Therapie des Verhaltens scheint erforderlich, um das Symptom zu therapieren. Es wird strickt zwischen „normal" und „krankhaft" differenziert. Dies führt dazu, dass eine Hilflosigkeit bei Pflegenden und Angehörigen entsteht, da sie versuchen, gegen etwas anzuarbeiten, das sich nicht oder kaum verändern lässt. Die Hilfestellungen und Therapieversuche der Pflegenden, können wiederum zu weiteren „problematischen Verhaltensweisen" führen. Beschreibt man das Verhalten eines Menschen mit Demenz als gestört oder verhaltensauffällig, so geschieht dies aus der Perspektive des Betreuenden oder Pflegenden – nicht aber aus der Perspektive der handelnden Person, die allerdings im Zentrum stehen sollte. Ein Umdenken in der Begrifflichkeit und dem daraus resultierenden Handeln scheint unabdingbar. Da laut Bartholomeyczik et al. (2006: 13) „die Wahl des Begriffs für die Symptomatik den Umgang mit dem Verhalten beeinflusst", nutzt sie den Begriff „herausforderndes Verhalten", um die Verhaltensweisen, die mit einer Demenz einhergehen können, zu beschreiben. Eine Begründung und genauere Erläuterungen sollen in diesem Kapitel gegeben werden.

2.2.1 Herausforderndes Verhalten – ein alternatives Verständnis von Demenz

Nachdem einige Gründe für einen Perspektivwechsel im Verständnis von demenziellem Verhalten angeführt wurden, muss der daraus resultierende Begriff „herausforderndes Verhalten" genauer beleuchtet werden.

„Als herausfordernd wird betrachtet, was als störend, belastend, fremd- oder selbstgefährdend wahrgenommen wird. Der Begriff „herausforderndes Verhalten" bezieht sich somit allein auf die Wirkung des Verhaltens auf die Umgebung und nicht darauf, wie die kranke Person das Verhalten selbst erlebt. Was für die Umgebung eine Herausforderung bedeutet, kann unter Umständen für den Kranken mit Wohlbefinden verbunden sein und aus seiner Perspektive sinnvoll sein. Betreuende sind daher gefordert, herausforderndes Verhalten zu tolerieren, wenn es für den Kranken mit Lebensqualität verbunden ist und andere nicht zu Schaden kommen" (Schwarz 2012: 12).

Die oft verwendeten Bezeichnungen „Verhaltensstörungen" oder „Verhaltensauffälligkeiten" implizieren, dass das Verhalten intrinsischen Ursprungs ist. Somit scheint die Umgebung wenig Einfluss auf das Verhalten zu haben und ebenso wenig Verantwortung dafür zu tragen (vgl. Moniz-Cook 1998: 33f). Außerdem sind diese Bezeichnungen negativ konnotiert und bewerten das Verhalten gleichzeitig als nicht angemessen. Die Folge ist, dass dieses Verhalten „abzustellen" ist. Benutzt man aber den Begriff des „herausfordernden Verhaltens", so findet automatisch ein Perspektivwechsel statt und die Verantwortung der Pflegenden als „herausgeforderte" wird deutlich. Es werden so bestimmte Anforderungen an die Pflege gestellt und eine Festlegung des Verhaltens als intrinsisch wird vermieden. Auch extrinsische Faktoren bedingen das Verhalten von Menschen (vgl. Bartholomeyczik et al. 2006: 14).

Jedes Verhalten hat aus Sicht der Person, die sich auf eine bestimmte Weise verhält, immer einen Sinn. Häufig lässt sich in herausfordernden Verhaltensweisen die Unfähigkeit erkennen, sich anders verständlich zu machen. Wie in Kapitel 2.1 beschrieben, leiden Menschen mit Demenz unter anderem unter Aphasie, Agnosie oder Orientierungslosigkeit. Verhaltensweisen, die von Pflegenden häufig als belastend empfunden werden, sind außerdem Aggressivität, Unruhe, Erregung (agitiertes Verhalten), vokale Störungen (z.B. häufiges Rufen, Schreien oder Geräuschemachen) und scheinbar zielloses Umherwandern. Oft werden Rückzugsverhalten und Apathie weit weniger belastend empfunden und damit auch weniger beachtet als aktive Störungen wie Aggressivität oder ständiges Rufen. Da Apathie und Rückzug jedoch für den Kranken andererseits belastender sein können als offensichtlich auffälliges Verhalten, dürfen Betreuende ihre Aufmerksamkeit nicht ausschließlich auf stark störendes Verhalten beschränken (vgl. Schwarz 2012: 12). Verändertes bzw. herausforderndes Verhalten kann eine Reaktion sein oder auch der Versuch, sich bemerkbar zu machen. Dementsprechend liegt der Grund des Verhaltens nicht nur in der Demenz, sondern in der Interaktion zwischen den handelnden Personen. Daraus resultierend erhält der Begriff „herausforderndes Verhalten" eine psychosoziale Perspektive, bei der auch Pflegende und Betreuer mitverantwortlich für das gezeigte Verhalten sind. Somit verschiebt sich der Fokus von dem „störenden Verhalten" auf diejenigen, die sich von diesem Verhalten herausgefordert fühlen und zur Interaktion angeregt werden. Dieser Denkansatz ist auf das Verständnis von Gründen und Anlässen des Verhaltens ausgerichtet und geht von der Annahme unbefriedigter oder fehlinterpretierter Bedürfnisse aus. Eine Abgrenzung zwischen normal und unnormal ist nicht von

Nöten. Dies ist für den Umgang mit und die Einstellung zu „herausforderndem Verhalten" von großer Bedeutung (vgl. Bartholomeyczik et al. 2006: 14).

2.2.2 Das NDB-Modell als Erklärungsansatz für herausforderndes Verhalten

Grundlegendes Ziel im Umgang mit „herausforderndem Verhalten" sollte zunächst immer die Verbesserung des Wohlbefindens des Demenzerkranken und nicht das Abstellen der vermeintlichen Störung sein. Dadurch richtet sich die Aufmerksamkeit auf ein besseres Verständnis der Auslöser und Bedingungen des Verhaltens. Es ist erforderlich, die Befindlichkeit des Kranken zu erfassen, d.h. wie er sich im Verhalten erlebt, die Bedeutung des Verhaltens für ihn selbst zu ergründen und Entstehungsbedingungen zu entschlüsseln. Voraussetzung dafür ist eine möglichst präzise Beschreibung der Situation und des Verhaltens unter Einbezug verbaler Äußerungen und der Körpersprache (vgl. Schwarz 2012: 13). Zuvor ist bereits angemerkt worden, dass jedes Verhalten, also auch das herausfordernde Verhalten, Gründe hat. Um das Verhalten Demenzkranker zu verstehen, ist es wichtig, den Ursachen ihres Verhaltens auf den Grund zu gehen. Dazu bietet sich das NDB-Modell (bedürfnisorientiertes Verhaltensmodell bei Demenz) an. Dieses Modell bündelt den bisherigen Wissensstand zu den Ursachen herausfordernder Verhaltensweisen.

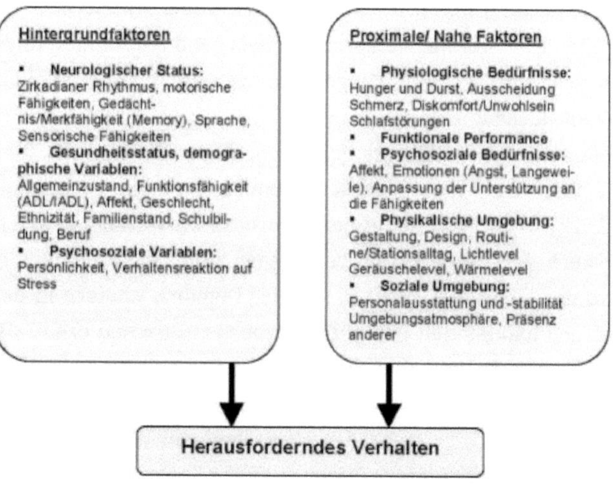

Abbildung 1 Das NDB-Modell (vgl. Kolanowski Ann M. 1999)

Diesem Modell sind zwei Variablen zu entnehmen, die das Verhalten bedingen: die Hintergrundfaktoren und die proximalen bzw. nahen Faktoren. Die Hintergrundfaktoren sind durch Intervention kaum zu beeinflussen. Dazu zählen der Gesundheitsstatus sowie die Fähigkeiten und Persönlichkeitsmerkmale einer Person. Zu unterscheiden sind davon die proximalen Faktoren, die herausforderndes Verhalten auslösen können. Physiologische Bedürfnisse wie beispielsweise Schmerzen, Umgebungsreize, psychosoziale Bedürfnisse aber auch Faktoren wie die Atmosphäre und die Personen im Umfeld der dementen Person zählen dazu. Pflegende müssen als Konsequenz aus diesem Modell das herausfordernde Verhalten als Anpassungsversuch verstehen. Verhaltensweisen, die auch schon in Kapitel 2.1 beschrieben wurden, wie zum Beispiel das Leben in der Vergangenheit oder auch Aggressionen, dienen dazu, Gefühle wie Angst oder Verzweiflung zu überstehen.

„In der Regel ist es eher der Kontext, der das Verhalten erzeugt, weniger eine Überlegung oder Entscheidung der Bewohnerin oder des Bewohners als die Eigendynamik der Erkrankung" (Bartholomeyczik et al. 2006: 17).

Somit fasst dieses Modell die intrinsischen Faktoren, die eine Demenz bedingen, zusammen und vernachlässigt die extrinsischen, psychosozialen nicht. Die Verantwortung der pflegenden Personen für das Wohlbefinden und den Allgemeinzustand des dementen Menschen wird besonders deutlich.

3 Grundsätze des Konzeptes der Wohngemeinschaft für demenziell veränderte Menschen

Im vorausgegangenen Kapitel wurde ein Grundlagenwissen zum Thema Demenz herausgearbeitet und im Kontext zum Begriff des „herausfordernden Verhaltens" beleuchtet. Bevor hierzu praktische Schlussfolgerungen für die Pflege demenziell veränderter Menschen in Demenzwohngemeinschaften gezogen werden können, gilt es, sich dem Konzept der Demenzwohngemeinschaft zu widmen. Daher soll in diesem Kapitel ein Überblick über die wichtigsten Grundlagen dieser alternativen Wohnform gegeben werden. Sowohl wissenschaftliche Erkenntnisse zum Wohnen mit Demenz als auch die konzeptionelle und gestalterische Umsetzung sind hier thematisch relevant.

3.1 Konzeptionelle Rahmenbedingungen und Prinzipien als Basis für den Aufbau der Demenzwohngemeinschaft

Um den Aufbau und die Gestaltung einer Demenzwohngemeinschaft zu verstehen, gilt es zunächst den Kenntnisstand der Forschung zu betrachten. Daraus ergeben sich praktische Aspekte für die Umsetzung und auch das Normalisierungsprinzip als Kerngedanke.

3.1.1 Erkenntnisse zu verschiedenen Betreuungsformen

In Deutschland existieren unterschiedliche Wohn- und Betreuungskonzepte für Menschen, die altersbedingt nicht mehr alleine leben können. Gemeinsam ist diesen Konzepten, dass sie versuchen, sich an den Bewohnerbedürfnissen in Bezug auf die architektonische Ausgestaltung der Räumlichkeiten zu orientieren. Erstrebt werden kleinere Gruppengrößen (sechs bis zwölf Personen), die Aufrechterhaltung eines normalen Alltags, eine häusliche Einrichtung, private Rückzugsmöglichkeiten, aber auch Gemeinschaftsräume werden in die Pläne mit einbezogen. Diese Aspekte lassen sich als Eckpfeiler dieser Wohnkonzepte beschreiben (vgl. Rauh zit. nach Bartholomeyczik et al. 2012: 36).

Die aktuellen Forschungserkenntnisse geben kaum Rückschluss zu Vor- und Nachteilen der besonderen Betreuungsformen, bezogen auf herausfordernde Verhaltensweisen der Bewohner. Die segregative (Bildung homogener Gruppen) und die teilsegregative Betreuungsform weisen keine wesentlichen Unterschiede auf. Deutlich wird aber herausgestellt, dass beide besonderen Betreuungsformen, im Gegensatz zur traditionellen Pflege, in vielen Bereichen positiv auffallen. Festgemacht wird dieses Ergebnis an dem höheren Aktivitätsniveau der Bewohner, an der Tatsache, dass freiheitseinschränkende Maßnahmen weniger angewandt werden und Angehörige sowie Ehrenamtliche in die Arbeit eingebunden werden (vgl. Weyerer et al. 2003: 23).

Das Modellprojekt (MIDEMAS) kommt jedoch zu dem Ergebnis, dass sich Demenzwohngruppen positiv auf das Wohlbefinden von demenziell veränderten Menschen auswirken. Grund dafür ist, dass kein soziales Regelwerk bestimmte Verhaltensweisen von den Mietern einfordert. Dieses Projekt stellte heraus, dass herausfordernde Verhaltensweisen deutlich zurückgegangen sind und das Wohlbefinden stieg (Heeg zit. nach Bartholomeyczik et al. 2012: 37). Es soll für diese Menschen eine normale und wohnliche Alltagsatmosphäre geschafft werden, die eine „lebendige Mitte" beinhaltet, in der sich das gemeinschaftliche Leben abspielt (Bartholomeyczik et al. 2012: 38). Dies kann sowohl eine Wohnküche sein als auch ein gemeinsamer Wohnraum. Diese Räume sollten natürlich wohnlich und zu ihren Mietern passend ausgestaltet sein und genügend Platz für individuelle Interessen bieten. Zudem sollten sie großzügig bemessen sein und auch Rückzugsmöglichkeiten bereitstellen. Ein mit dem Wohnbereich verbundener Garten kann ebenfalls zur „lebendigen Mitte" für einige Mieter werden.

„Die Umgebung sollte generell das Alltagsgedächtnis anregen, zum Mitmachen, Anfassen und Mitnehmen einladen, in Ausstattung und Aussehen den kulturellen und sozialen Hintergrund der Klienten berücksichtigen, [...], Kontakt mit schönen Dingen, Kunst und Natur ermöglichen (Bartholomeyczik et al. 2012: 38f)."

Gleichzeitig sollten potenzielle Risiken wie enge und dunkle Gänge, Bodenmuster, Schrägen, Unter- und Überstimulation, Lärm und Kontrastarmut vermieden werden, da diese für Menschen mit Demenz problematisch sein können (vgl. Bartholomeyczik et al. 2012: 39).

3.1.2 Umsetzung der Erkenntnisse bei der Gestaltung einer Demenzwohngemeinschaft

Gennrich et al. (vgl. 2004: 9f) zufolge sind insbesondere Vorerfahrungen aus dem europäischen Ausland Vorbild für die Implementierung von Demenzwohngemeinschaften. Die Ideen des Cantou-Modells in Frankreich und der Hofjes in den Niederlanden wurden an die deutschen Gegebenheiten und den Bedarf angepasst. Dies begann in den 90er Jahren des vergangenen Jahrhunderts. Einige Elemente und Eigenschaften sind charakteristisch für Demenzwohngemeinschaften. Es handelt sich dabei um relativ kleine Gemeinschaften von ca. 6-12 Bewohnern, dem Sinn nach Mieter genannt. Die Gemeinschaft hat eine große Bedeutung im Leben in der Demenzwohngemeinschaft. Zwar stehen den Mietern Einzelzimmer zur Verfügung, die individuell gestaltet werden können, jedoch gibt es Gemeinschaftsräume in denen sich das Leben in der Demenzwohngemeinschaft abspielt. Die Privatsphäre einerseits und die Gemeinschaft andererseits werden hier gefördert. Somit leben die Menschen privat und dennoch gemeinschaftlich in einer vertrauten Umgebung. Eine familienähnliche bzw. gemeinschaftsorientierte Struktur, in der die Gemeinschaft eine überschaubare Größe hat, soll ihren Platz in der Demenzwohngemeinschaft erhalten. Bei der Gestaltung der Räume kommt es auf Normalität an. Besonderer Wert wird auf altvertrautes gelegt, das Geborgenheit und ein wohnliches Gefühl schafft. Bei der Gestaltung ist darauf zu achten, dass eine ausreichende, aber nicht grelle, Beleuchtung mit möglichst viel Tageslicht vorhanden ist. Eine helle Farbwahl mit ausreichenden Kontrasten erleichtern den Mietern die Orientierung (vgl. Klie 2002: 98). Wichtig ist, dass das Konzept der Wohngruppe einen Mittelpunkt im doppelten Sinne aufweist. Erstens wird der Mittelpunkt in personeller Sicht durch die sogenannte Hausmutter gebildet und zweitens einen räumlichen Mittelpunkt, die Wohnküche und das Wohnzimmer, in dem das Zusammenleben stattfindet. Das Wohnzimmer und die Wohnküche bilden den räumlichen Mittelpunkt um den die Privatzimmer angelegt sind. Der Schutz der Gemeinschaft wirkt angstreduzierend und beruhigend, was aus Sicht der Demenzforschung essentiell ist. Somit findet sich dieser Aspekt auch architektonisch wieder (vgl. Fleischer 2013: 18f). Die Demenzwohngemeinschaft ist idealerweise ringförmig angelegt, was ein Verlaufen verhindern soll und Übersichtlichkeit schafft (vgl. Klie 2002: 194).

Besonders wichtig ist, dass nicht die Pflege, sondern die normale Alltagsgestaltung hier im Mittelpunkt steht. Die Menschen nicht aus ihren gewohnten Strukturen und Abläufen herauszureißen, ist auch aus Sicht der Demenzforschung (siehe Kapitel zwei) unerlässlich. Hier liegt auch der Schwerpunkt der pflegerischen Arbeit. Somit steht die Alltagsnormalität im Vordergrund, die dem Wunsch vieler Menschen, nach einem individuellen und unabhängigen Leben auch als hilfs- und pflegebedürftiger Mensch zugrunde liegt. Die Gestaltung des Alltags soll weitestgehend eigenverantwortlich und selbstbestimmt bewältigt werden. Trotz Fortschreiten des Krankheitsbildes sollen die Mieter am Leben teilhaben und sinnvolle Beschäftigungen erfahren. Geborgenheit und Sicherheit zu geben sind ebenfalls Teile der pflegerischen Arbeit. Außerdem ist die Einbeziehung der Angehörigen fester Bestandteil des Konzeptes. Dies ist laut Klie (vgl. 2002: 98) von unschätzbarem Wert, da sie Experten in der Biografie des demenziell Erkrankten sind. Dies kann zu einer Bereicherung für alle Beteiligten werden, wenn sie zum Beispiel bei der Organisation Anschaffungen vorschlagen oder diese in Mieter- und Angehörigenversammlungen verabschieden.

Der Bewohner einer betreuten Wohngemeinschaft hat nicht den Status eines Heimbewohners, sondern den eines Mieters, der frei über die Pflege- und Serviceleistungen entscheiden kann. Dies bedeutet, dass sich die Mieter den betreuenden Pflegedienst aussuchen können. Die notwendige pflegerische und hauswirtschaftliche Versorgung ist in der Demenzwohngemeinschaft sichergestellt (AOK Gesundheitspartner 2015: 18).

3.1.3 Das Normalisierungsprinzip

Das Normalisierungsprinzip ist ein Denkansatz, nach dem sich der Aufbau der Demenzwohngemeinschaft nicht nach speziellen baulichen Vorgaben richten soll, sondern nach den Menschen, die darin leben. Der Ursprung dieses Prinzips liegt in der Behindertenhilfe. Menschen mit bspw. einer Demenz, sollen nach diesem Prinzip die Möglichkeit haben, ein Leben zu führen, das dem von Menschen ohne Demenz gleichkommt. Natürlich müssen bei Menschen mit Demenz andere Menschen unterstützend tätig werden, damit ein „normales" Leben möglich gemacht werden kann (vgl. Gröschke 2000: 134f). Normalisierung auf den Kontext der Demenzwohngemeinschaft bezogen bedeutet, dass die Mieter weites gehend selbstbestimmend und autonom leben. Dies geschieht durch professionellen Einsatz der Pflege und führt zu einer Stärkung des Vertrauens und somit ebenfalls zu einer Reduktion des herausfordernden Verhaltens. Vorausgesetzt ist hierbei eine partnerschaftliche Kommunikationsstruktur. Man betrachtet den Mieter nicht länger als pflegebedürftigen Menschen, der zu einem Objekt der Fürsorge der Pflegenden wird. Vielmehr geht es darum, dem Menschen das Recht zuzusprechen, anders zu sein. Dies setzt eine Betreuungsstruktur voraus, die Freiräume schafft. Diese Freiräume sind Grundlage, um dem Menschen eine Selbstbestimmung zuzusprechen. Ebenfalls ist es im Sinne des Normalisierungsprinzips wichtig, kleine Wohneinheiten zu bilden, die es der Pflege ermöglichen, bedürfnisorientiert zu arbeiten. Außerdem ermöglicht eine solche Denkweise die Gestaltung der Wohngemeinschaft nach den Vorstellungen der Menschen, die darin leben (vgl. Bartholomeyczik et al. 2012: 41).

3.2 Die Grundsätze des Freiburger Modells als Ausgangspunkt für die Konzeption von Wohngemeinschaften für demenziell veränderte Menschen

Im Forschungsbericht zum Freiburger Modell stellt Klie (et al. vgl. 2007: 21) die Ergebnisse des Projektes „Netzwerk Wohngruppen für Menschen mit Demenz – Freiburger Modell" vor, bei dem es das Ziel war, bürgerschaftlich unterstütze Wohngruppen bzw. Wohngruppen in geteilter Verantwortung zu etablieren oder vorhandene Wohngruppen zu evaluieren und zu vernetzen. Außerdem wurden rechtliche, soziale, fachliche und bauliche Fragen beleuchtet.

Als Grundsätze führt Klie fünf Basissätze an. Zunächst stellt er die geteilte Verantwortung zwischen Pflegenden, Angehörigen und bürgerschaftlich Engagierten dar. Der Austausch zwischen den mitwirkenden Berufsgruppen und den Angehörigen bzw. bürgerschaftlich Engagierten wirkt sich produktiv auf die Steuerung der Wohngemeinschaft aus. Mit der Wahl von Angehörigenvertretern kann es gelingen, die Interessen der Mieter in den Mittelpunkt zu stellen und somit bleibt die Verantwortung bei den Mietern und wird ihnen nicht genommen. Als ausführendes Organ und Initiatoren wirken dabei sowohl Sozialarbeit als auch Pflege mit.

Außerdem stellt es sich als gewinnbringend heraus, wenn man die Wohngemeinschaften als Lernprojekt im Netzwerk mit anderen Wohngemeinschaften betrachtet. Dies soll mit Akteuren aus Politik, Verwaltung, Verbänden, Professionen und Bürgerschaft geschehen.

Des Weiteren soll nicht die Pflege, sondern die Hauswirtschaft, in Form von Alltagshelfern, im Mittelpunkt stehen. Die vertrauten hauswirtschaftlichen Aktivitäten sollen den Alltag umrahmen und nicht die Tatsache, dass die Menschen Pflege brauchen. So werden die Alltagskompetenzen und Ressourcen der Mieter gefördert und eine klinische Atmosphäre wird vermieden. Aufgabe und Herausforderung der Pflege ist es, dort anzusetzen, wo die Fähigkeiten der Mieter nicht weiterreichen und sie in pflegerischen Bereichen Unterstützung benötigen.

Ein weiterer wichtiger Aspekt ist der kleinräumige Einzugsbereich. Die Nähe der Wohngemeinschaft zum ursprünglichen Wohnort der Mieter ist von unschätzbarem Wert. Die Menschen werden nicht aus ihrem Umfeld herausgerissen und bleiben räumlich in bekannten Strukturen. Dies wirkt sich positiv auf den Verlauf einer Demenz aus, da Menschen mit Demenz häufig auf große Veränderungen negativ reagieren. Die Mieter können sich ebenfalls schneller mit dem neuen Zuhause identifizieren, wenn ihnen die Umgebung bekannt und vertraut ist. Ein weiterer positiver Effekt ist, dass die Einbeziehung von Angehörigen in den meisten Fällen durch einen kleinräumigen Einzugsbereich vereinfacht wird. Beispielsweise wird auch die Gestaltung von Ausflügen oder Arztbesuchen auf diese Weise vereinfacht.

Als letzten Grundsatz sieht Klie die gemeinsame Steuerung an. Die trägerübergreifende Managementstelle hat die Aufgabe, eine professionelle Begleitung der Angehörigen zu gewährleisten und die Grundprinzipien der Wohngruppe in der täglichen Arbeit zu wahren (vgl. Klie 2002: 23). Eines dieser Grundprinzipien ist es, die gewohnten Tagesstrukturen in Form des „gelingenden Alltags" zu gestalten. Dies ist teilweise Aufgabe von Angehörigen oder Alltagshelfern bzw. Hauswirtschaftern, aber auch ein zentraler Teil des pflegerischen Handelns, denn sie stellt Grundlagen für das Leben der Mieter sicher. Z.B. sind das Waschen und Versorgen im Aufgabenbereich der Pflege angesiedelt und ermöglichen den „gelingenden Alltag" erst. Hierzu bietet es sich an, von einer Versorgung durch Pflegedienste (Pflege als Gast) Abstand zu nehmen und pflegerische Präsenzkräfte in einer Demenzwohngemeinschaft zu implementieren. Dies sichert eine permanente und qualitative Versorgung der Mieter und stellt durch die Strukturen der Wohngemeinschaft dennoch einen Unterschied zu herkömmlichen stationären Einrichtungen dar (vgl. Kremper-Preiß et al. 2006 zit. nach Klie et al. 2007: 16).

3.3 Gestaltung der drei grundlegenden Prozesse

Die Organisation des personellen Handelns innerhalb der Wohngemeinschaften wird durch das Kriterium der Prozesse erfasst. Hierzu gehören die Beschreibung und Gestaltung, Steuerung, Messung und Überarbeitung der wichtigen Dienstleistungen innerhalb der Wohngemeinschaften. Insbesondere wird hier auch die Beziehung zum Mieter erörtert. In einer Wohngemeinschaft wird eine tägliche Personalpräsenz gewährleistet, die dem tatsächlichen Betreuungsbedarf der dort lebenden Menschen entspricht. So gibt es de facto eine Rund-um-die-Uhr-Betreuung zuzüglich einer eng abgestimmten Kooperation mitwirkender Professionen, wie Pflege, Ergo- oder auch Physiotherapie. Der Beginn und das Ende des betreuungsbezogenen Handelns sind an Vorgaben gebunden. Zu diesen Vorgaben gehören zuerst die Bedürfnisse der Bewohner und ihrer Alltagsgewohnheiten durch die Mitarbeiter. Individuelle Bedürfnisse setzen auch variable Arbeitszeiten der Mitarbeiter voraus, die bei Einzug neuer Mieter gegebenenfalls neu angepasst werden müssen. Zu den festen Gewohnheiten der Mieter gehören auch feste Ansprechpartner und somit vertraute Gesichter, die dem Menschen mit Demenz Orientierung bieten. So ist gilt es zu verhindern, dass ständig wechselndes Personal in einer Wohngemeinschaft eingesetzt wird. Die Bildung von festen Betreuungsteams und ein dauerhafter Einsatz in der jeweiligen Wohngemeinschaft sind zu verfolgen. Im Zuge der gemeinschaftlichen und integrativen Arbeit sollten die Teamstruktur, die Kompetenz- und Aufgabenverteilung sowie die Aufbau- und Ablauforganisation für alle am Prozess beteiligen Personen transparent sein. Hierzu zählen Bewohner/ -innen, Angehörige sowie Betreuer. Denn Grundlage des Gemeinschaftslebens ist das vertrauensvolle Zusammenwirken des Betreuungsteams und der oben genannten Personen. Den eigenen Status sehen die Betreuungskräfte als Besucher in der Häuslichkeit der alten Menschen und fördern in ihrem Handeln die Mitarbeit von Angehörigen und Betreuern (vgl. Kuratorium Deutsche Altershilfe 2011: 90f).

Ausgehend von den Bedürfnissen und der Perspektive der Mieter der Wohngemeinschaft werden die Betreuungsdienstleistungen mitsamt der Ablauforganisation durch drei Kernprozesse abgebildet, die in den folgenden Kapiteln beschrieben werden.

3.3.1 Der Einzug in die Wohngemeinschaft für Menschen mit Demenz

Mit dem Einzug des Mieters beginnt die eigentliche Betreuung, doch bereits im Vorfeld gilt es einige Schritte zu berücksichtigen. Im Anschluss an eine unverbindliche Anfrage findet ein Erstkontakt mit dem Gesprächsziel statt, zusammen mit Angehörigen und/ oder dem Betreuer, möglichst diejenigen Hintergründe zu erfahren, die für ein zukünftiges Betreuungsverhältnis wichtig sind. Diese Art der Informationssammlung umfasst Gewohnheiten aller Art, wie beispielsweise Hobbys, persönliche Präferenzen bezüglich Farben, Düften und Geschmäckern, aber auch des Berufs und der sozialen Beziehungen. Als methodischer Hintergrund wird das biografische Arbeiten und die so genannte Identitätsquellensuche verwendet. Die gesammelten Informationen werden standardisiert dokumentiert und zuvor mit Informationen anderer Unterstützer, vor allen Dingen der Pflegedienste, abgeglichen und/ oder ergänzt. Wiederholungsfragen gleicher Ausrichtung, die zu unnötigen Belastungen der Bewohner und/ oder Angehörigen führen gilt es hierbei zu vermeiden (vgl. Alzheimergesellschaft Brandenburg e.V. 2009: 15).

3.3.2 Leben und Wohnen in der Wohngemeinschaft

Der Prozess des Lebens und Wohnens folgt tagesstrukturierenden Maßnahmen innerhalb von Einzel- und Gruppenaktivitäten. Diese knüpfen an frühere Interessen und Aktivitäten der Mieter an und sind somit als sinnvoll zu betrachten. Auch in diesem Bereich erhält das biografische Arbeiten eine besonders große Rolle und wirkt sich positiv auf emotionaler, kognitiver und sozialer Ebene aus. Die Beschäftigung mit persönlichen Erinnerungen wie Fotos, Auszeichnungen und Briefen ist dem ebenfalls zugehörig. Vor allem innerhalb von Gesprächen sind die notwendigen Kenntnisse über die Mieter und ihr Leben zu erwerben. Da sie aber nur bedingt in der Lage sind, adäquate Auskunft zu geben, ist es auch in diesem Fall wichtig, Bezugspersonen mit einzubeziehen. Bei der Alltagsplanung spielt die Mahlzeitengestaltung, als Angebot gemeinsamen Kochens und Essens, eine große Rolle und wird den Bedürfnissen dementer Mieter entsprechend flexibel gehalten. Hierbei werden hinsichtlich der Speisenauswahl als auch in Fragen der Ermunterung zur Nahrungs- und Flüssigkeitsaufnahme, die besonderen Anforderungen berücksichtigt, das Selbstbestimmungsrecht und die Würde der Betreuten stehen hierbei stets im Vordergrund. Regelmäßige Fallbesprechungen, die von Seiten der betreuenden Organisation initiiert und geleitet werden, sollen die Betreuungsqualität erhalten und eine positive Entwicklung gewährleisten. Inhalt dieser Besprechungen sind die Betreuungssituationen einzelner Mieter, die in der Zusammenschau mit anderen Akteuren, einschließlich des Vermieters, im Unterstützungsnetzwerk reflektiert und über Maßnahmen beraten. Die Ergebnisse der Fallbesprechung sollten in standardisierten Ergebnisprotokollen festgehalten werden.

Zu Beginn dieser Arbeit wurde der Aspekt der Kommunikation in Bezug auf die Arbeit mit Menschen mit Demenz bereits als wichtig herausgearbeitet. Die Kommunikation findet sich auch in den hier beschriebenen Kernprozessen als wichtiges Kriterium wieder. Hier geht es darum, besondere Verhaltensweisen durch Besucher und Betreuer zu beachten. Sie sollen hier nicht im Detail festgehalten werden, als essenziell wichtig gilt jedoch die Beachtung der Verhaltensregeln, dass keine Gespräche in der dritten Person in Anwesenheit der Betreffenden geführt werden. Zudem ist eine lautstarke Kommunikation über „Flure", wie etwa lautes Rufen zu vermeiden. Auch in den Prozessen findet sich der „Validierende Ansatz" als spezielle Form der Kommunikation mit Dementen wieder. Von den am Betreuungsprozess Beteiligten ist demzufolge zu erwarten, dass sie den Dementen gegenüber eine wertschätzende Haltung zeigen, die die Realitätssicht des Betroffenen nicht hinterfragt, sondern einfühlsam annimmt und entsprechend reagiert (vgl. Alzheimergesellschaft Brandenburg e.V. 2009: 16).

3.3.3 Auszug und Tod

Das Ziel der Betreuung und des Lebens in einer Wohngemeinschaft für Menschen mit Demenz ist unter anderem, einen Wechsel in eine stationäre Einrichtung grundsätzlich zu vermeiden und die Betreuung dementsprechend so zu gestalten, dass ein Wechsel der Wohnung für den Betreuten auch nicht erwünscht wird. Dessen ungeachtet sollte in allen davon abweichenden Situationen für einen guten Übergang des Mieters in die von ihm oder seinen Bevollmächtigten gewählten Richtungen gesorgt werden. Ein reibungsloser Übergang erfolgt vor allem durch die Bereitstellung der dafür erforderlichen Informationen und Hilfestellungen. Hierzu zählen auch Unterstützungsleistungen, die mit dem Sterben und dem Tod des Mieters aus betreuerischer Sicht in Verbindung stehen. Dies kann den Übergang in ein Hospiz, die Kooperation mit einem Palliativ-Medizinischen-Dienst oder die Unterstützung bei Gesprächen in Bestattungsfragen umfassen (vgl. Alzheimergesellschaft Brandenburg e.V. 2009: 18).

4 Herausforderungen an pflegerisches Denken und Handeln in Wohngemeinschaften für demenziell veränderte Menschen

Es ist in dieser Arbeit bereits beschrieben worden, mit welchen herausfordernden Verhaltensweisen Pflegekräfte in einer Demenzwohngemeinschaft umgehen müssen und welche konzeptionellen Rahmenbedingungen geschafft werden müssen. Auch ist dargestellt worden, dass sich der Blickwinkel auf das Phänomen Demenz, aufgrund dessen Wandels, verändern muss. Es wird nicht mehr als störendes oder krankhaftes Verhalten angesehen, sondern als herausfordernd. Dieser Perspektivwechsel zieht die Pflegenden mit in die Verantwortung für die Entstehung von Demenz bedingten Verhaltensweisen. Gleichzeitig impliziert diese Sichtweise einen anderen Umgang mit den Menschen, die die Pflegenden herausfordern. Auf welche Weise und mit welchen Methoden sich Pflege dieser Herausforderung stellen kann, soll in diesem Kapitel evaluiert werden.

4.1 Grundlagen für die pflegerische Arbeit in Demenzwohngemeinschaften

Um die Pflege in einem so komplexen System wie der Demenzwohngemeinschaft zu organisieren, ist es elementar, einige Grundlagen des Pflegeverständnisses zu postulieren. Ein humanistisches Menschenbild dient dabei als Fundament für pflegerisches Handeln.

4.1.1 Das humanistische Menschenbild als Ausgangspunkt für pflegerisches Handeln

Als Grundpfeiler des humanistischen Menschenbildes gilt, dass der Mensch einen konstruktiven Kern hat und danach strebt, seinem Leben einen Sinn zu geben – autonom zu sein. Er lebt im Spannungsfeld zwischen Autonomie und Interdependenz zu anderen Menschen (vgl. Rogers zit. nach Bartholomeyczik et al. 2012: 27). Jeder Mensch hat Anspruch darauf, als er selbst anerkannt zu werden und ein wertvolles Mitglied einer Gemeinschaft von Menschen zu sein. Laut Erikson (vgl. zit. nach Bartholomeyczik et al. 2012: 27) steht der Begriff der Ich-Identität im Mittelpunkt. Das bedeutet, dass der Mensch danach strebt, sich selbst und seine Vorstellungen vom eigenen Leben zu verwirklichen. Das Bedürfnis nach Wertschätzung spielt dabei ebenso eine Rolle wie auch die Autonomie.

Durch die Demenz beginnt eine Behinderung dieses Strebens nach Eigenständigkeit und Selbstverwirklichung. Es führt dazu, dass demenziell veränderte Menschen einen Kontrollverlust verspüren und von anderen abhängig sind. Dies entsteht durch die kognitiven Einbußen, die mit der Demenz einhergehen. Das planerische Handeln, das Orientierungsvermögen, das Gedächtnis und auch die sprachlichen Fähigkeiten beeinträchtigen die Eigenständigkeit und somit auch das Selbstbild der Menschen. „Die Ich-Identität der Person mit Demenz wird brüchig" (Bartholomeyczik et al. 2012: 27). Dies wird subjektiv als Belastung und Beeinträchtigung empfunden. Besonders gefährdet ist dabei der Mensch, der in eine stationäre Einrichtung zieht. Die Umgebungsveränderung, die neuen Organisationsstrukturen und die partielle Aufgabe der Alltagskompetenzen bewirken einen Kontrollverlust, der zu einem Konflikt mit der Ich-Identität führt. Zusätzlich wird dies durch die Übernahme von Handlungen, die noch selbst vollzogen werden könnten und durch die organisationsbedingte Fremdbestimmung verstärkt (vgl. Bartholomeyczik et al. 2012: 27).

Ein weiterer Bestandteil des humanistischen Menschenbildes ist, dass Menschen stetig eine gemeinsame Wirklichkeit mit anderen konstruieren und so ein Setting für soziales Miteinander schaffen. Der Mensch ist als soziales Wesen auf andere Menschen angewiesen. Dies zeigt sich in Ergebnissen der Verhaltensforschung. Hier wird deutlich, dass sich das menschliche Wohlbefinden in kleinen geschlossenen Gruppen steigert, da so schneller Vertrauensverhältnisse zwischen den einzelnen Individuen entstehen können (vgl. Eibl-Eibesfeld 1989 zit. nach Bartholomeyczik et al. 2012: 28). Dennoch ist dies für Menschen mit Demenz häufig problematisch, da die hierfür nötigen Kompetenzen, wie z.B. Sprache oder Kulturverständnis, allmählich verlangsamen oder sogar versagen. Aus daraus entstehenden Verunsicherungen kann wiederum herausforderndes Verhalten entwachsen (vgl. Bartholomeyczik et al. 2012: 28). An diesem Punkt muss sich Pflege Ziele stecken und pflegerisches Handeln ansetzen.

4.1.2 Das Pflegeverständnis und die Ziele der Pflege in der Wohngemeinschaft für Menschen mit Demenz

Für ein grundlegendes Pflegeverständnis dieser Arbeit lehne ich mich an Sauter (et al. 2004: 47) an.

„Als Praxis unterstützt Pflege Individuen und Gruppen im Rahmen eines Problemlösungs- und Beziehungsprozesses bei der Bewältigung des Alltags und beim Streben nach Wohlbefinden, bei Erhaltung, Anpassung und Wiederherstellung von physischen, psychischen und sozialen Funktionen und beim Umgang mit existenziellen Erfahrungen".

Dieses Pflegeverständnis lässt sich prinzipiell mit dem humanistischen Menschenbild vereinbaren, was besonders im Hinblick auf die Pflege von Menschen mit Demenz unabdingbar ist. Demnach ist das Pflegeziel für Menschen mit Demenz und herausfordernden Verhaltensweisen der Erhalt oder die Verbesserung des Wohlbefindens der jeweiligen Person. So wird auch die Lebensqualität gesteigert. Dazu sind eine Stabilisierung der Ich-Identität und eine anerkennende Beziehungsgestaltung von hohem Wert (vgl. Bartholomeyczik et al. 2012: 29).

Hier orientiert sich die Pflege am personenzentrierten Ansatz nach Kitwood und den besonderen psychischen Bedürfnissen bei Demenz (vgl. 2008: 133f), der im Folgenden kurz vorgestellt wird: Trost, Identität, Beschäftigung, Einbeziehung und Bindung. Trost bedeutet Nähe und Beistand. Menschen, die demenziell bedingt Kontrolle und Selbstbestimmung aufgeben müssen, sind auf Pflegende angewiesen, die ihnen Trost spenden können. In engem Zusammenhang dazu steht die Stärkung der Ich-Identität. Das Verlangen nach Identität ist das Bedürfnis zu wissen, wer man ist. Eine Identität zu haben bedeutet, dass man über sich selbst eine Geschichte erzählen kann. Identität ist nicht allein an Kognition gebunden, sondern hängt auch ab vom Erleben und Fühlen. Menschen mit Demenz versuchen, die eigene Identität zu erhalten. Dies gelingt in vielen Fällen nur durch Unterstützung. Das Verlangen nach Beschäftigung entspringt aus dem Antrieb, etwas bewirken zu wollen und die Wirkung des eigenen Handelns zu spüren. Das Gegenteil davon ist Langeweile und Apathie. Beschäftigt sein kann aktives Tun bedeuten, aber auch in Beobachten, Nachdenken oder aus angenehmem Entspannen bestehen. Den Ursprung des Bedürfnisses nach Einbeziehung findet man in früheren Zeiten, als die Gruppe zum Überleben notwendig war. Ausschluss aus der Gruppe bedeutete in der Konsequenz auch den realen Tod. Alle Menschen haben das Bedürfnis, zu einer Gemeinschaft zu gehören, Teil einer Gruppe zu sein und geschätzt zu werden. Unter anderen Menschen zu sein bedeutet jedoch noch nicht, eingebunden zu sein. Hier kommt das Bedürfnis nach Bindung hinzu, das einen großen Stellenwert im Leben eines Menschen und auch im pflegerischen Handeln einnimmt. Die gefühlsmäßige Bindung an eine Person ist für alle Menschen, unabhängig von der Altersstufe, essentiell. Das Verlangen nach Bindung beinhaltet den Wunsch nach Verlässlichkeit, Sicherheit und Schutz. Menschen mit Demenz sind vielfältigen Belastungssituationen ausgeliefert. Es ist anzunehmen, dass durch das zunehmende Nicht-Verstehen der Welt das Verlangen nach Sicherheit und nach primärer Bindung zunimmt. Das Vermögen mit anderen Menschen selbstständig soziale Beziehungen aufzunehmen und befriedigend zu gestalten, nimmt hingegen immer mehr ab.

In der Pflege ist es entscheidend, an dem und für das Wohlbefinden der Menschen mit Demenz zu arbeiten. Dazu gehört neben der Erfüllung der oben beschriebenen Bedürfnisse die Akzeptanz der Wirklichkeitspluralität.

"In einem optimalen Kontext von Pflege und Fürsorge wird jedes Fortschreiten der neurologischen Beeinträchtigung [...], das bei einer nichtunterstützenden Sozialpsychologie potentiell extrem schädigend sein kann, durch positive Arbeit an der Person [...] kompensiert (Kitwood 2008: 103)."

Eine Pflege, die konsequent personen-zentriert arbeitet, zeigt bei den an Demenz Erkrankten positive Wirkung, weniger in Richtung der Verbesserung kognitiver Leistungsfähigkeit, was allerdings auch beobachtet werden kann, als vielmehr, was Lebensqualität, Verhalten und Wohlbefinden betrifft. Aber auch bei den Pflegenden lassen sich positive Effekte beobachten: höhere Zufriedenheit im Beruf und geringere Krankheitsquoten (Kitwood 2008: 103).

„Das Ziel pflegerischer Interaktion ist demnach weniger ein Verhaltensmanagement im Sinne von kausal wirksamen Vorgehensweisen wie Konditionierung oder Löschung von Verhalten. Das Subjektive Wohlergehen des Menschen mit Demenz mit oder ohne diese Verhaltensformen ist wesentliches Ziel pflegerischer Bemühungen" (Bartholomeyczik 2012: 31).

Setzt sich pflegerisches Handeln in Demenzwohngemeinschaften dieses Ziel, so kann ein professioneller Umgang mit herausfordernden Verhaltensweisen stattfinden, was für die Arbeit mit demenziell veränderten Menschen unerlässlich ist.

4.2 Darstellung der Kernelemente pflegerischen Handelns und entsprechenden Anforderungen in der Demenzwohngemeinschaft

In Anlehnung an die in Kapitel 4.1.2 vorgestellte Definition des Pflegeverständnisses hat die Aufrechterhaltung alltäglicher Strukturen einen enormen Wert im Leben der Mieter der Demenzwohngemeinschaft. Pflege muss es leisten, erhaltend, anpassend und auch wiederherstellend auf die physischen, psychischen und sozialen Fähigkeiten der Mieter zu wirken. Dies stellt eine große Herausforderung für die Pflegenden im Umgang mit Menschen mit herausfordernden Verhaltensweisen dar. Es gilt zunächst eine Vorstellung von dem Begriff „Alltag" zu bekommen, dessen Aufrechterhaltung im pflegerischen Wirken zentral ist. Dies ist nicht einfach, da dieser Begriff einerseits unspezifisch ist und andererseits auch typische

Eigenschaften enthält. Das Arbeiten, Essen und die Freizeit gehören für viele Leute in unserem Kulturkreis zum alltäglichen Leben. Wie dies eingeteilt wird und worauf der Fokus gelegt wird, ist jedoch individuell verschieden. Daher kann es sein, dass sich die Arbeitsabläufe und Strukturen in der Demenzwohngemeinschaft auf Abläufe ausrichten müssen, die für die Bewohner „schon immer" so waren und aus deren Sicht auch aufrechterhalten werden müssen. Dies kann die Abläufe in der Pflege herausfordern und setzt ein hohes Maß an Flexibilität und Verständnis seitens der Pflegenden voraus. Aber auch die unterschiedlichen Auffassungen von Alltagsabläufen können Konflikte entstehen lassen. So kann es zwar sein, dass die Pflegenden eine Esssituation initiieren wollen, eine demente Person aber eine Arbeitssituation interpretiert, da das Zubereiten einer Mahlzeit von jeher mit Arbeit verbunden war. Wird dies von Seiten der Pflege unterbunden oder als falsch deklariert, kann ein Vertrauensbruch und Verwirrung entstehen. Solche nicht übereinstimmenden Alltagssituationen sind schwierig zu bewältigen und fordern fachliche und personale Kompetenzen seitens der Pflegenden. Eine weitere Herausforderung kann es sein, dass Teamstrukturen gebildet werden müssen, obwohl eine Wohngemeinschaft von einem ambulanten Pflegedienst betreut wird, der die Menschen in ihrem Zuhause versorgt (vgl. Wolber zit. nach Bartholomeyczik et al. 2012: 32f).

Demenziell veränderte Menschen können sich ihrer Umgebung nicht mehr so anpassen wie vor der Demenz. Daher ist es eine der Aufgaben von Pflege, für die Menschen Brücken zwischen der erlebten Realität und der objektiven Umgebung zu bauen. Ebenso müssen sich die Pflegenden in der Demenzwohngemeinschaft den Mietern anpassen. Hier treten das Prinzip des personalen Gegenübers und der Anpassung des Anderen in Kraft, bei denen gefragt wird: wo sind Parallelen in der gemeinsamen erwachsenen Welt und wo gilt es Besonderheiten im Sinne der demenziellen Veränderung zu berücksichtigen? Wichtig ist in diesem Zusammenhang, dass Pflege der Neigung widersteht, den Mietern Strategien und Absichten in ihrem Verhalten zu unterstellen (vgl. Bartholomeyczik et al. 2012: 33).

Ein hohes Maß an physischer, psychischer und sozialer Sicherheit lässt sich durch die Pflege durch Übergänge in Alltagssituationen herstellen, wobei hier gleichzeitig Chancen und Risiken bestehen. Es muss der Pflege gelingen, die Realität des Mieters mit der Umgebung zu verbinden, zum Beispiel beim physischen Begleiten bei einem Raumwechsel, indem psychische Sicherheit und soziales Vertrauen durch gemeinsames Meistern der Situation hergestellt werden. So können durch Zusammenarbeit oder in anderen Fällen auch durch stellvertretendes Handeln

Alltagssituationen mit Beziehungsprozessen gemeistert werden (vgl. Bartholomeyczik et al. 2012: 33).

Unerlässlich ist dabei die Beziehungsarbeit für das Streben nach Wohlbefinden.

„Jeder Beziehungsprozess bedarf einer zulassenden Handlung, um das Ausleben von Situationen zu ermöglichen, einer unaufdringlichen Präsenz, um Bindungsimpulse aufzunehmen und einer Sorgehaltung für die Grenzen und Möglichkeiten des Anderen" (Bartholomeyczik et al. 2012: 33).

Diese Beziehungen aufbauen zu wollen und zu können, kann sich als komplex und diffizil herausstellen, wenn man die Vielfalt der herausfordernden Verhaltensweisen von Menschen mit Demenz bedenkt. Nur gut geschultes und motiviertes Pflegepersonal sieht sich in der Lage, diese Herausforderung anzunehmen.[2]

Neben der Beziehungsarbeit spielt aber auch die Reflexionskultur einer Einrichtung eine entscheidende Rolle im Umgang mit herausforderndem Verhalten. Dies ist wichtig, um mangelnden Grenzziehungen oder Missbrauch entgegenzuwirken. Durch Reflexion kann es gelingen, sich bewusst zu distanzieren aber auch professionelle, emotionale Nähe zuzulassen, die im Umgang mit Menschen unerlässlich ist. Dieser Balanceakt zwischen Nähe und Distanz ist weder durch unerfüllbare Beziehungsangebote der Mieter zu erreichen, noch dient er der Stillung eigener Bindungsbedürfnisse seitens der Pflege. Der Reflexion liegt somit eine Schutzfunktion für Pflegende und Mieter inne (vgl. Bartholomeyczik et al. 2012: 34). Auch dies kann als Herausforderung an die Pflege angesehen werden und gilt durch intakte Teamstrukturen oder ggf. Supervisionen zu reflektieren.[3]

Um das Wohlergehen der Mieter in Alltagssituationen zu fördern, bietet es sich in der Demenzwohngemeinschaft an, funktionale Anliegen, wie z.B. das Einnehmen von Mahlzeiten, in eine professionelle Beziehung einzubauen, indem man zusammen speist.

„Kennen lernen des Klienten durch die Bezugspflegeperson; Tagesgestaltung gemäß lebensgeschichtlich verankerter Abläufe; Nutzen selbstwichtiger Identitätsteile im alltäglichen pflegerischen Handeln; verlässliche Präsenz; deutliche Verlangsamung im Kontakt; Parallelität und Wechselseitigkeit auf körpersprachlicher Ebene; [...]; Ruhe und Gelassenheit im Kontakt; Freundlichkeit, Lächeln und Hu-

---

[2] Details zu den genannten Aspekten werden in Kapitel 5 erläutert.
[3] Details zu den genannten Aspekten werden in Kapitel 5 erläutert.

mor, ohne falsche Nähe zu suggerieren; einfache sprachliche Struktur; [...]" (Bartholomeyczik et al. 2012: 34).

All dies geschieht mit dem Ziel, einen erfolgreichen Kontakt aufzubauen, der Basis für eine gelingende und professionelle Beziehung ist.

Ebenfalls kann es eine Herausforderung für die Pflege sein, im Spannungsfeld zwischen Autonomie der Mieter und Bindung zu ihnen zu handeln und dabei eine Situationsoffenheit im Konflikt zwischen der Orientierung an der Person und an funktionalen Vorgaben zu akzeptieren. Einerseits gilt es, pflegerisches Handeln zu strukturieren und vorzuplanen, andererseits benötigt die Arbeit mit Menschen, die herausforderndes Verhalten zeigen, ein hohes Maß an Offenheit und Flexibilität. Dies alles geschieht natürlich vor dem Hintergrund der großen Variation psychischer Erkrankungen im hohen Lebensalter und der demenziellen Erkrankungsformen. Dazu muss den Pflegekräften seitens der Leitungen externe Begleitung angeboten und spezielle Schulungen eingeführt werden. Da die Pflegenden nicht in der Lebenswelt der Menschen mit Demenz leben und sich an gesetzliche und strukturelle Vorgaben halten müssen, müssen auch die Träger der Demenzwohngemeinschaften offen für die Arbeitsvoraussetzungen der Pflegenden sein (vgl. Bartholomeyczik et al. 2012: 35).

Die medizinische Fachgesellschaft empfiehlt im Leuchtturmprojekt weiterhin, nicht-medikamentöse Maßnahmen vor dem Einsatz von Medikamenten für Demenz vorzuziehen. Forschungsergebnisse zeigen, dass die gegenwärtig verfügbaren Medikamente weder herausforderndes Verhalten bessern, noch die Erhaltung von Alltagskompetenzen unterstützen. Diese nicht-medikamentösen Maßnahmen bzw. Interventionen, die im folgenden Kapitel genauer beschrieben werden, müssen individuell auf die demenziell veränderte Person angepasst werden. Verhaltenstherapien, Ergotherapien, Gespräche oder ganzheitliche Förderung können allerdings nur von gut geschultem Pflegepersonal umgesetzt werden, die die verschiedenen Möglichkeiten nicht nur kennen, sondern diese auch entsprechend der Situation und Befindlichkeit der demenziell veränderten Person anwenden können. Ohne eine klare Vorstellung vom Umgang mit herausfordernden Verhaltensweisen und möglichen Interventionen besteht die Gefahr, dass die erlebte Hilflosigkeit zu einem Engagementverlust der Pflegenden führt. Dem ist seitens der Managementebene dringend durch Fortbildungen und Schulungen entgegenzuwirken. Auch der Austausch im Pflegeteam und die produktive Zusammenarbeit zwischen den Professionen, also Sozialarbeit und Pflege, machen es möglich, die passenden nicht-medikamentösen Maßnahmen herauszuarbeiten und anzuwenden (vgl. Hüll 2011: 13).

4.3 Ausgewählte pflegerische Ansätze bei herausforderndem Verhalten

Nachdem einige pflegerische Grundlagen erläutert worden sind, geht es in diesem Kapitel um konkrete pflegerische Interventionen und Handlungsmodelle, die für die Arbeit in der Demenzwohngemeinschaft von großem Nutzen sein können.

4.3.1 Verstehende Diagnostik

Die Expertengruppe um Bartholomeyczik et al. (vgl. 2012: 61f) empfiehlt die verstehende Diagnostik im Umgang mit herausforderndem Verhalten.

Ein solches Verhalten hat für die betreffende Person oft eine subjektive Bedeutung, die sie nicht mehr angemessen oder nur eingeschränkt verbal mitteilen kann. Oft äußert sich dieses Verhalten in unverständlichen Lauten, Schreien oder auch Bewegungen, die es den Menschen im Umfeld schwierig machen, die Bedeutung des Verhaltens zu verstehen. Die verstehende Diagnostik sucht nach möglichst vielen erklärenden Aspekten und bezieht alle beteiligten Personen und Institutionen mit ein. Zur Analyse des Verhaltens empfiehlt sich die Verwendung des NDB-Modells.[4] Dabei handelt es sich um ein Strukturmodell, das verschiedene Einflussfaktoren berücksichtigt, zum Beispiel: Hintergrundfaktoren, den neurologischen Status, den Gesundheitszustand, demographische und psychosoziale Variablen, physiologische Bedürfnisse und auch die soziale Umgebung. Dieses Modell kann das Risiko von Fehldeutungen des Verhaltens minimieren, da es sehr facettenreich ist. Fallbesprechungen sind ein wichtiges Instrument, um Mehrperspektivität zu gewährleisten. Sie sollten regelmäßig mit allen am Pflegeprozess Beteiligten stattfinden.

„Die Expertengruppe empfiehlt eine verstehende Diagnostik im Umgang mit herausforderndem Verhalten von Menschen mit Demenz. Ein solcher Zugang stellt die Perspektive des Menschen mit Demenz in den Mittelpunkt des Pflegeprozesses. Das Bemühen um ein Verstehen des Verhaltens sollte möglichst vielfältige erklärende Aspekte, die sich nicht nur auf den Demenzkranken beziehen, berücksichtigen. Es wird vorgeschlagen, hierzu ein Strukturmodell (z.B. das NDB-

---

[4]　siehe Kapitel 2.2.2

Modell) heranzuziehen. Der gesamte Pflegeprozess sollte in regelmäßigen Fallbesprechungen durch Bezugspersonen und soweit wie möglich unter Einbeziehung der Betroffenen konsentiert bzw. abgesprochen werden" (Bartholomeyczik et al. 2012: 61).

Grundlage der Verstehenden Diagnostik ist das alternative Demenzverständnis. Oft können Probleme nicht nur aus der objektiven Sicht der Pflegenden analysiert werden. Daher ist es elementarer Bestandteil dieses Ansatzes, auch eine Einschätzung der Person mit Pflegebedarf einzuholen. Allerdings wird es im Verlauf der Demenz immer schwieriger, einen direkten Zugang zur Befindlichkeit und zum Erleben der Betroffenen zu bekommen. Oft wird daher das herausfordernde Verhalten auf den ersten Blick als „störend" oder unpassend empfunden. Durch den ernsthaften Versuch, die Gründe des Verhaltens zu verstehen und zu diagnostizieren, erweist es sich oft als unverstandenes Verhalten. Durch dieses „Verstehen" soll es gelingen auf die Betroffenen bedürfnisgerecht einzugehen und geeignete Maßnahmen zu finden. Bei diesem Prozess sind alle Bezugspersonen involviert, da sich so die Wahrscheinlichkeit erhöht, die Situation angemessen einzuschätzen, die Probleme zu formulieren, geeignete Maßnahmen auszuwählen und auch Interventionen zu evaluieren. Durch die Beteiligung aller involvierten Professionen, also einer Mehrperspektivität, kann das herausfordernde Verhalten genau ergründet werden. So kann durch gründliche körperliche Untersuchungen eine organische Genese, also z.B. Schmerzen oder Infektionen ausgeschlossen werden. Auf dieser Basis können die einzelnen pflegerischen Zugänge, die psychosoziale Begleitung und die medizinische Behandlung aufeinander abgestimmt werden (Bartholomeyczik 2012: 61f).

4.3.2 Die Grundsätze der Validation

Der Begriff Validation leitet sich aus dem lateinischen Wort validus (kräftig) bzw. dem englischen valid (gültig) ab und bedeutet „Für-Gültig-Erklären": Die Validation ist eine Gesprächstechnik, die es ermöglicht, einen Zugang zur Lebenswelt von demenziell veränderten Menschen zu erhalten. Durch diese verbale und nonverbale Kommunikationsform kann es gelingen, dem subjektiven Empfinden der Betroffenen eine große Bedeutung beizumessen und sie in ihrer Erlebenswelt zu belassen, indem mehr auf der Beziehungs- als auf der Inhaltsebene kommuniziert wird. Eine validierende Grundhaltung beinhaltet, dass Pflegende sich in die Situation der Betroffenen hineinfühlen können und die Demenz mit ihren verschiedenen Verhaltensmustern akzeptieren. Als Basis der Validation gelten Empathie,

Bestätigung, Wertschätzung und die Tatsache, dass jedes gezeigte Verhalten eine bestimmte Bedeutung hat. In Deutschland sind vor allem die Validation nach Feil, die Integrative Validation nach Richards und die erlebnisorientierte Pflege als validierende Ansätze bekannt (vgl. Bartholomeyczik et al. 2012: 87).

Der Ursprung dieses empathischen Ansatzes stammt aus den 1980er Jahren und wurde von Naomi Feil entwickelt. Sie war der Auffassung, dass Demenz ein Stadium jenseits der Integrität sei, das zur Aufarbeitung vergangener Lebensereignisse diene. Im Zuge dieser Aufarbeitung komme es zu Konflikten und Problemen, die dazu führen, dass Menschen mit Demenz Verhaltensauffälligkeiten entwickeln. Feil beschreibt hierbei vier Stadien der Desorientierung: mangelhafte Orientierung, Zeitverwirrung, sich wiederholende Bewegungen und Vegetieren. Um die Ereignisse aus der Vergangenheit erfolgreich zu bewältigen, brauche es die Unterstützung von außen, wobei die Validation helfen könne. Durch die Validation soll eine Wertschätzung des Demenzkranken zum Ausdruck gebracht und gleichzeitig Stress reduziert werden. Laut Feil ziele die Validation unter anderem darauf ab, dass das Selbstwertgefühl der Betroffenen wiederhergestellt werden kann und Stress verringert wird, da das Gegenüber eine wertschätzende Grundhaltung einnimmt. Außerdem können chemische und physikalische Medikamente reduziert werden, da man die Ursachen nicht auf medizinischer Ebene sieht. Des Weiteren wird die verbale und non-verbale Kommunikation verbessert und durch wertschätzende Gespräche ein Rückzug ins Vegetieren verhindert. Ein weiteres Ziel ist es, ebenfalls die Bewegungsfähigkeit und das körperliche Wohlbefinden zu verbessern (vgl. MDS 2009: 118f). Um diese Ziele erreichen zu können, ist es bedeutend, das Erleben und die aktuell gezeigten Gefühle der betroffenen Person wahrzunehmen und unter Berücksichtigung ihrer individuellen Lebensgeschichte zu verstehen. Es darf nicht versucht werden, die Person an die Realität anzubinden und ihr das gezeigte Verhalten als fehlerhaft zu erklären. Es muss davon ausgegangen werden, dass das Verhalten von Menschen mit Demenz weder zufällig gezeigt wird, noch unbegründet entsteht. Sie wollen ihre Bedürfnisse mitteilen und sind aufgrund der Demenz oft nicht mehr in der Lage, sich unmissverständlich oder logisch mitzuteilen. Pflegende müssen sich daher fragen, welche Gefühle hinter dem Verhalten stecken und diese Gefühle validieren, also verstehen, wertschätzen und zulassen. Eine validierende Gesprächshaltung setzt voraus, dass Pflegende über gewisse Fähigkeiten verfügen. Sie müssen empathisch sein, akzeptieren und übereinstimmen können (vgl. MDS 2009: 120).

In den 1990er Jahren ist dieses Modell von Nicole Richards als integrative Validation weiterentwickelt worden. Seitdem ist die Validation als Grundlage in der Demenzbetreuung anzusehen. Richards distanziert sich von Feils Annahme, dass Demenz die Möglichkeit sei, unvollendete Lebensaufgaben zu erfüllen. Vielmehr ist hier der Schwerpunkt bei der Vermittlung von praktischen Fähigkeiten zu sehen. Grundlage bilden hier vier Ausgangspunkte: die personenzentrierte und wertschätzende Grundhaltung, die validierenden Umgangsfertigkeiten und die Wahrnehmungskompetenz der Pflegenden. Im Umgang mit den Menschen werden dabei ihre Gefühle bestätigt, ihr Antrieb (Humor, Ordnungssinn, Pflichtbewusstsein) wird anerkannt und Pflegende akzeptieren die Gefühlswelt der demenziell Veränderten. Mittels Ressourcenorientierung sollen die bei den Menschen erhaltenen Kompetenzen aktiviert und aufrechterhalten werden. Durch die Vermittlung von Sicherheits- und Zugehörigkeitsgefühlen, kann das Wohlbefinden bei den Menschen gestärkt werden. Gleichzeitig betrachtet man sie hier als autonome Wesen, was wiederum dem humanistischen Menschenbild entspricht. In den Niederlanden wurde der validierende Ansatz zur „erlebnisorientierten Pflege" weiterentwickelt. Hierbei stehen nicht die Verhaltensauffälligkeiten im Vordergrund, sondern die Kreativität und vor allem die positiven Begegnungen. Pflegende begleiten Demenzkranke nicht nur in deren Gefühlswelt, sondern versuchen bei diesem Ansatz auch ein „Gegengewicht" einzubringen. Das bedeutet, dass Grenzen gesetzt werden, wenn dies der Situation entspricht. Dies kann sich als respektvoller darstellen, als das „mitgehen". Es ist an dieser Stelle wichtig zu erwähnen, dass die Forschungsergebnisse zur Validation nicht eindeutig und auch nicht eindeutig positiv sind. Auch die Einteilung der Lebensphasen von Feil führten zu vielfacher Kritik, da individuelle Begebenheiten wenig berücksichtigt würden und Menschen jegliche kognitive Lebensäußerung abgesprochen werde. Auch die Kenntnisse der Hirnforschung werden bei der Stadieneinteilung nicht berücksichtigt. Trotz dieser Kritik hat die Validation, besonders durch die Arbeit Richards', einen hohen Stellenwert im Umgang mit demenziell veränderten Menschen. (vgl. Bartholomeyczik et al. 2012: 89).

4.3.3 Erinnerungspflege

Die Erinnerungspflege wird bei Menschen mit Demenz und herausforderndem Verhalten sowohl als gezielte Aktivität, als auch als Bestandteil der Interaktion in die Betreuung integriert. Die Identität und das soziale Zusammengehörigkeitsgefühl werden durch das Erinnern lebensgeschichtlicher Ereignisse und gelebter Beziehungen gestärkt. Die soziale Umwelt erhält im Zuge einer Demenzerkrankung zunehmend die Aufgabe, Situationen zu gestalten, die angenehme Erinnerungen ermöglichen und fördern. Diese „Erinnerungshilfen" sind für Menschen mit Demenz besonders wichtig, da sie sich so ihrer Identität vergewissern können und in der Lage sind ihr Selbstbild zu bewahren sowie Bindung und Zugehörigkeit zu erleben (vgl. Bartholomeyczik et al. 2012: 93).

Der hier verwendete Begriff der „Erinnerungspflege" wird bewusst gewählt um eine Abgrenzung zu Erinnerungsarbeit und zu Reminiszenztherapie zu suchen, da beide in unterschiedlicher Intensität psychotherapeutische Ziele verfolgen. Lohmann et al. (1995: 238) beschreiben das Ziel der Erinnerungsarbeit damit, „Ereignisse aus dem Gedächtnis zu rekonstruieren, um dieses Material durch Erklären und Bewerten zu bearbeiten." Zanetti et al. (vgl. 2002: 194) sehen in der Reminiszenztherapie eine Möglichkeit, um vergangene Konflikte zu lösen und soziale Rollen und das Selbstwertgefühl aufrechtzuerhalten. Die Biografiearbeit ist auf der anderen Seite ein strukturiertes Verfahren, wie bewohnerbezogene Daten gesammelt, ausgewertet und für die Betreuung und Pflege umgesetzt werden. Die aufnehmende Person hat hierbei Informationen zur Familien- und Lebensgeschichte, als auch zur Lebenswelt jedes Bewohners mit seinen Vorlieben, Gewohnheiten und Abneigungen zu berücksichtigen. Hierbei werden Betroffene und Angehörige befragt, bei eingeschränkten Kommunikationsmöglichkeiten sind die Beobachtungen der Pflegenden im Betreuungsalltag besonders wichtig. Die erhobenen Daten tragen im Sinne der Erinnerungspflege zur Lebens- und Pflegequalität bei, die somit den Selbstwert von Menschen mit Demenz stärkt und Situationen schafft, die zum Austausch anregen und mit positiven Gefühlen verbunden sind. Die Erinnerung ist für ältere Menschen eine Möglichkeit, auf ihr Leben zurück zu blicken, ihre Identität aufrechtzuerhalten, Freude zu erleben und sozial- und alltagsgeschichtliches Wissen fortzuschreiben. Weitere Ziele bei der Pflege und Betreuung von Menschen mit Demenz sind im Zuge der Erinnerungspflege die Förderung sozialer Teilnahme, Unterstützung kommunikativer Fähigkeiten, Erhalt von Identität, Förderung positiver Emotionen wie Freude bzw. melancholisches Schwelgen. Im alltäglichen Arbeiten lässt sich die Erinnerungspflege als zeitlich begrenzte Aktivierung (max. 90 Min.) in einer Gruppe umsetzen oder kann als Einzelintervention angeboten werden, ist aber auch Teil des ständigen Interaktionsgeschehens in der Betreuung und Pflege von Menschen mit Demenz. Es gibt zwei Wissensbestände aus denen die Erinnerungspflege besteht: 1. Hintergrundwissen zur Zeit-, Sozial- und Alltagsgeschichte einer Generation und 2. Spezialwissen zur individuellen Biografie (vgl. Bartholomeyczik et al. 2012: 94).

Im pflegerischen Alltag kann die Beziehung zu Menschen mit Demenz hauptsächlich über den Pfad der Vergangenheit entstehen, den Erinnerungen. Pflegende können die Erinnerungen mit dem dementen Menschen pflegen. Mit der Einrichtung einer Erinnerungsgruppe können Erinnerungen in einem speziell vorbereiteten Umfeld, durchlebt und ausgedrückt werden. Für den Menschen mit Demenz bedeutet Vergangenheit häufig Sicherheit, Geborgenheit, „sich auskennen" und „Zuhause sein" (vgl. Thiel et al. 2006: 209).

Innerhalb dieser Gruppenaktivierung werden Lebensthemen angesprochen, die alle Teilnehmenden weitestgehend erfahren haben (z.B. Kindheit, Kleidung, Spiele, Schule, Ernährung, Feiertage, Arbeit, Heirat, Familie etc.) und die mit einer hohen Wahrscheinlichkeit mit positiven Emotionen behaftet sind. Für die moderierende Pflegekraft ist es wichtig, Gesprächsauslöser, so genannte „Trigger", zu nutzen, um alle Sinne anzuregen und somit unterschiedliche Zugänge zu den Erinnerungsinhalten des Langzeitgedächtnisses zu nutzen. Hier kann man sich eines Repertoires themenrelevanter Gegenstände, Materialien, Lieder, Gerüche, musikalischer Untermalung, Filme, Bewegungen etc. bedienen (vgl. Trilling et al. 2001: 52). Dies verlangt sowohl fachliches Wissen als auch Kompetenzen im Umgang mit Gruppen, da es bei Erinnerungsgruppen mit ausschließlich an Demenz erkrankten Menschen dazu kommt, dass die Kommunikation sehr stark an die Gruppenleitung gebunden ist (vgl. Gibson 1994: 58). Woodrow stellt als wichtigste Qualitätsanforderungen für die Umsetzung erinnerungsbezogener Aktivierungen unterschiedliche intra- und interpersonelle Fähigkeiten der pflegerischen Mitarbeiter heraus: Grundhaltung (Menschen mit Demenz werden grundsätzlich als individuelle Persönlichkeiten wahrgenommen), humanistische Grundprinzipien, kommunikative Fähigkeiten, Bewusstsein über die potenziellen Gefahren, Handlungssicherheit bei Konflikten, Zeit und Gelassenheit, Begeisterungsfähigkeit, Flexibilität und Sensibilität für die individuellen Bedürfnisse (vgl. Woodrow 1998: 1146).

Verfügen die Mitarbeiter über fundiertes biografisches Hintergrundwissen, kann die Erinnerungspflege auch als Einzelaktivierung umgesetzt werden. Voraussetzung für diese Form der Aktivierung ist eine bestehende Vertrauensbasis zwischen den Pflegenden auf der einen und den Mietern auf der anderen Seite. Individuell bedeutsame Lebensereignisse bzw. -erfahrungen stehen hierbei im Mittelpunkt, um auf sie Bezug nehmend für eine positive Stimmung sorgen zu können. Die oben genannten „Trigger" finden hier ebenfalls Anwendung. Neben der Verwendung als Aktivierungsangebot ist die Erinnerungspflege ein Hauptbestandteil der alltäglichen, pflegerischen und betreuerischen Interaktion zwischen Pflegenden und Menschen mit Demenz. Dieser Ansatz hilft dabei, Ressourcen zu fördern, Menschen mit Demenz zu ergänzen, um Verhaltensweisen in den richtigen Rahmen setzen zu können und ist Bestandteil einer wertschätzenden Grundhaltung. Diese wird durch die Auseinandersetzung mit der Person (auch der eigenen) und die Kenntnis der individuellen Lebensgeschichte entwickelt.

„Die Pflege der Erinnerungen ist eine Art Subtext im alltäglichen Interaktionsgeschehen und liegt in den Händen der Pflegenden bzw. des gesamten Teams" (Bartholomeyczik et al. 2012: 96).

Nach Bartholomeyczik et al. (vgl. 2012: 96) lässt sich zusammenfassend sagen, dass bei der Erinnerungspflege darauf zu achten ist, dass sich einige Menschen nicht gerne erinnern und auch gar kein Interesse an der Vergangenheit haben, was es zu respektieren gilt. Wählen Mitarbeiter Erinnerungsthemen aus, so sind diese stets an den Teilnehmern orientiert und verfolgen das Ziel, positive Gefühle zu erzeugen. Sollen die Erinnerungsthemen über sinnlich-wahrnehmbare Zugänge eröffnet werden, bieten sich folgende Materialien beispielhaft an: Fotos, Bilder, Film, Musik, Bücher, Gras, Schnee, Laub usw. Eine gewohnte räumliche Umgebung kann die Erinnerungsaktivitäten unterstützen. Bei der Personalplanung sollte darauf geachtet werden, dass die Mitarbeiter die Erinnerungsaktivitäten umsetzen, die sich sowohl ein entsprechendes Wissen zur Prozessgestaltung angeeignet haben, als auch Qualifikationen einbringen, die im intrapersonellen Bereich liegen. Beobachtungen, die bei der Aktivierung von Erinnerungen gemacht werden und die für weitere Beteiligte wichtige Informationen beinhalten, brauchen eine Form der Dokumentation bzw. eine Schnittstelle, die den Informationstransfer gewährleistet. Es sollte allen Beteiligten bewusst sein, dass die Möglichkeit besteht, bei der Erinnerungsaktivierung unbeabsichtigt negative Emotionen hervorzurufen, wie Depressivität oder Verzweiflung, Wut oder Ärger. Somit benötigen Pflegende Handlungssicherheit und Hilfestellung, sollte die Erinnerungspflege bei Menschen mit Demenz eine Krise auslösen. Wird nach den eben genannten Aspekten verfahren, bietet die Erinnerungspflege den Pflegenden eine Möglichkeit, demenzerkrankte Menschen in ihrem individuellen Personsein zu unterstützen. Lebenserinnerungen von Menschen mit Demenz zu hören und Zusammenhänge verstehen zu lernen, erhöht das Verständnis für andere Verhaltens – und Denkweisen und fördert empathische Kompetenz.

4.3.4 Berührung, Basale Stimulation

Bei der Basalen Stimulation handelt es sich um ein Handlungskonzept zur Förderung und Aktivierung schwerstbeeinträchtigter Menschen mit Bewegungs-, Kommunikations- und Wahrnehmungsstörungen. Somit lässt sich dieses Konzept sinnvoll in die täglichen pflegerischen Abläufe bei der Arbeit mit Menschen mit Demenz integrieren. Innerhalb der Pflege wird die Basale Stimulation als Kommunikationsform verstanden, die von „Patient" und Pflegenden gleichsam gestaltet wird. Klare „Signale" werden über eindeutige Berührungen, auf denen die Kommunikation beruht, durch die Pflegekraft als vermittelt. Hinzu kommen individuelle Wünsche, Bedürfnisse und Ideen des Patienten, die den Pflegeprozess ergänzen (vgl. Menche 2004: 312).

Bartholomeyczik et al. (vgl. 2012: 102f) empfehlen dieses Konzept, innerhalb ihrer Expertengruppe, ebenso bei Menschen mit Demenz und dem Umgang mit herausforderndem Verhalten. Sie machen darauf aufmerksam, dass beim Einsatz solcher Verfahren die Grenzen der Intimität zu wahren sind. Dabei gehen sie auf zahlreiche Arten von Körperkontakten innerhalb der Pflege ein, wie z.B. die „Unterstützung beim Waschen, Bewegen oder Anziehen, bei spezifischen Interventionen wie Verbandwechsel, Injektionen, Wickel anlegen oder auch durch Gesten wie tröstendes Umarmen, Streicheln der Hände oder Halten des Kopfes" (Bartholomeyczik 2012: 102). Sie beschreiben die Berührung als intentionales und bewusstes Anfassen durch die Hände. Der Körperkontakt ist ein grundlegendes Verlangen des Menschen und das gegenseitige Berühren ist in diversen Kulturen durch Gesten des Berührens, des Mitgefühls oder der Fürsorge fest verankert. Der bewusste, deutliche und flächige Hautkontakt in Form von Berührung wird von Fröhlich (vgl. zit. nach Bartholomeyczik et al. 2012: 102) als elementare Sinnesanregung und als Dialogangebot verstanden. Es ist eine Art Versuch, Kommunikation zu anderen Menschen aufzubauen.

Die Studienlage wird diesbezüglich als unbefriedigend beschrieben und trotz der schwachen Evidenzbasierung scheint es sinnvoll, zumindest Formen von Berührung und Körperkontakt bei Menschen mit Demenz, die herausforderndes Verhalten zeigen, einzusetzen. Pflegende haben in ihrer täglichen Arbeit meist mit hilfsbedürftigen Menschen zu tun, und dies impliziert häufige Berührungen. Körperkontakte in der Pflege sind eine Notwendigkeit und so sollten diese auch bewusst im Sinne der Beziehungsaufnahme gestaltet werden. Zuvor wurde schon angemerkt, dass bei Berührungen die Privatsphäre des „Berührten" zu wahren ist, und so sollten diese fachlich bewussten Berührungen auch nicht an partnerschaftliche

Intimität erinnern. Es gilt immer situationsabhängig abzuwägen, welche verschiedenen Formen des Körperkontakts und der beruhigenden Berührung bestimmte Wirkungen auf herausforderndes Verhalten zeigen (vgl. Bartholomeyczik et al. 2012: 105).

Zusammenfassend kann man die Anwendung der Basalen Stimulation in der Pflege demenzkranker Menschen, durch die gute Übertragbarkeit von Erfahrungen mit ähnlichen Verhaltensweisen von Menschen mit geistiger Behinderung als sinnvoll und erfolgreich beschreiben. Wie bereits erwähnt wurde, findet Pflege in ihrer überwiegenden Ausführung im körpernahen Bereich statt, so dass sich dieses Konzept im pflegerischen Rahmen durchaus anbietet. Denn Menschen werden während der täglichen Pflegemaßnahmen gewaschen, ihnen wird bei der Bewegung geholfen, das Essen wird ihnen angereicht und der Tag möglichst individuell gestaltet, Freude verbreitet und Kontakt hergestellt. Ein Mangel an weiteren diesbezüglichen Angeboten führt dazu, dass die Basale Stimulation innerhalb ihrer konzeptionellen Durchführung auch Verhaltensweisen wie Unruhe, unartikuliertes Vokalisieren oder andere eine neue Bewertung als Autostimulationsversuche, sich selbst wahrzunehmen, berücksichtigt. Pflegende können hier einen Anknüpfungspunkt an das herausfordernde Verhalten dementer Menschen für sich erkennen. Von ihnen wird erwartet, dass ein Einstellungswandel stattfindet, weg von einer funktionalen und unbewussten Weise und hin zu den „fördernden Mehrwert" berücksichtigenden, Pflegehandlungen. Um beim Pflegepersonal dies zu verinnerlichen sind Fortbildungen unabdingbar, die aber verdeutlichen müssen, dass Reizüberflutungen bei der Sinnesanregung zu vermeiden sind. Im Vordergrund steht bei dem Konzept der Basalen Stimulation das professionelle Vorgehen aller Beteiligten, nur dann kann die Kommunikation zwischen Pflegenden und Menschen mit Demenz wahrnehmungsfördernd gestaltet, eine sinnesanregende Umgebung geschaffen und der Tagesablauf entsprechen gestaltet werden (vgl. Bartholomeyczik et al. 2012: 107).

5 Handlungsmöglichkeiten des Pflegemanagements, um pflegerischen Herausforderungen zu begegnen

Im vorangegangenen Kapitel wurden die Herausforderungen pflegerischer Arbeit innerhalb von Demenzwohngemeinschaften herausgearbeitet. Basierend auf dem Pflegeverständnis, welches sich aus dem humanistischen Menschenbild ableiten lässt, gelang eine Darstellung der Kernelemente pflegerischen Handelns mit entsprechenden Anforderungen. Innerhalb dieser Ausarbeitung wurde mehr und mehr deutlich, dass Pflegende innerhalb der Demenzwohngemeinschaften besonderen Bedarfen gerecht werden müssen. Die Ausführungen bezüglich der pflegerischen Ansätze bei herausforderndem Verhalten unterstreichen hierbei die Notwendigkeit kompetenten pflegerischen Handelns. Im nachfolgenden Teil dieser Arbeit sollen nun Ansätze und Maßnahmen aus dem Bereich des Pflegemanagements, insbesondere des Personalmanagements und der Arbeitswissenschaft, Einzug halten. Sie zeigen Handlungsfelder auf, die Menschen in Leitungspositionen dabei helfen, beispielsweise Kompetenzen innerhalb ihres Unternehmens zu stärken und zu fördern, aber auch belastende Situationen ihrer Mitarbeiter zu erkennen und diesen fachgerecht zu begegnen. Eine Förderung der Mitarbeiter hinsichtlich ihrer Kompetenzen und ihrer Fachlichkeit im Bereich der Demenzwohngemeinschaften, verfolgt das Ziel einer Effizienzsteigerung. Gut geschultes Personal weiß beispielsweise auf die Bedürfnisse demenziell veränderter Menschen einzugehen und diesen fachlich kompetent zu begegnen. Eine Überforderung im Umgang mit herausforderndem Verhalten kann somit als reduziert angesehen werden.

5.1 Top-down- und Bottom-up-Prozesse

Loehnert-Baldermann (vgl. 2005) nennt zwei prinzipiell unterschiedliche Vorgehensweisen im Bereich von Verbesserungsprozessen und deren Durchführung: Top-down- bzw. Bottom-up-Prozesse. Bei Top-down-Prozessen kommen Vorschläge und die Identifizierung von Problemen und Verbesserungspotentialen aus dem Bereich des oberen Managements, welche dann, hierarchisch betrachtet, nach unten gegeben werden, um dort ausgearbeitet zu werden. Auf der anderen Seite steht das Bottom-up-Prinzip, bei dem einzelne Mitarbeiter, Gruppen oder auch Teams Probleme erkennen, Vorschläge und Projektanstöße entwickeln und diese dann von der Basis nach oben an das Management weiterleiten. Für die Mitarbeiter haben beide Prozesse unterschiedliche Bedeutungen. Der Top-down-Ansatz lässt sich, hinsichtlich der Aufgaben- und Rollenverteilung der Beteiligten, als eindeutig und klar beschreiben und kommt in der heutigen Praxis vor allem zum Einsatz. Hier sind die wichtigen Eckdaten und Ziele vom oberen Management vorgegeben und Experten, Projektteams oder Führungskräfte werden mit der Erarbeitung von Konzepten und Maßnahmen beauftragt. Bei positiver Überprüfung werden diese dann in der Basis integriert. Um hierbei ein „Die da oben, wir hier unten“-Gefühl bei den Mitarbeitern zu vermeiden, kommt der mittleren Führungsebene eine besondere Rolle zu, da sie als Kommunikationsdrehscheibe und Übersetzer von Informationen und Botschaften agieren muss. Seltener sind in Unternehmen reine Bottom-up-Modelle vorzufinden, wie beispielswiese Qualitätszirkel. Innerhalb des Wissensmanagements wird zwar viel über die Importanz des wertvollen Wissens von Mitarbeiter gesprochen, jedoch gelingt dessen Nutzung nicht immer. Auf der anderen Seite gibt es aber auch mehr und mehr Mitarbeiter, die sich von partizipativen Ansätzen distanzieren und sich lieber ein klares Wort von oben wünschen. Eine erfolgreiche Ausnahme im Bereich der Bottom-up-Konzepte stellt das Betriebliche Vorschlagswesen dar, welches auf die Idee von Alfred Krupp aus dem Jahre 1872 zurückzuführen ist, bei dem das Wissen der Mitarbeiter genutzt wird, um Abläufe zu verbessern. Hier bietet sich eine gute Möglichkeit, um Verbesserungen im Unternehmen durch die Beteiligung der Mitarbeiter zu erreichen und somit Innovation zu fördern. Dieses heutzutage professionelle Ideenmanagement wird häufig via Intranet betrieben und unterliegt dabei einem transparenten Prüfungs-Workflow. Immer häufiger ist in Unternehmen ein Bottom-up-Prinzip zu erkennen, dem das explizite Unternehmensziel vorangeht: Wir wollen besser werden und nutzen dafür das Wissen und die Kreativität unserer Mitarbeiter, indem wir sie in einem Bottom-up-Prozess beteiligen. Mit dieser Sichtweise können neue Energien und Synergien entstehen, da innovatives Denken und Handeln zeitlich, räumlich und inhaltlich parallel bzw. eng verknüpft geschieht. Mitarbeiter erleben dies im Sinne von man ist im Bilde über das was man tut und tun könnte. Dies erlaubt ihnen einen geübten Blick auf das Gesamte werfen zu können und Zusammenhänge zu erkennen. Aus diesem gemeinschaftlichen Ansatz können die Auswirkungen auf die Unternehmenskultur genutzt werden, um diese in Richtung eines gemeinsamen Dialogs, Lernens und Verstehens zu entwickeln bzw. zu festigen.

Nun stellt sich die Frage welchen der beiden Prozesse zu folgen ist. Doch hier kann man erkennen, dass die meisten Veränderungsprozesse in Unternehmen beiden Modellen gleichzeitig folgen, in einer Art Gegenstromverfahren. Abstimmungsprozesse können auch mehrfach in beide Richtungen erfolgen, gerade wenn die Top-down-Vorgaben diskussionsfähig sind. So werden Anregungen und Vorschläge sowohl von Seiten des Managements als auch von Seiten der Basis in einem iterativen Diskussionsprozess zusammengeführt (vgl. Loehnert-Baldermann 2005).

Für die Praxis ist somit eine klare Trennung der beiden Prozesse nicht notwendig. Es sollte vielmehr auf ein klares Kommunikationskonzept geachtet werden, in welchem transparent dargestellt ist, wie eine Prozesssteuerung abläuft und wie in der Folge Ergebnisse umgesetzt werden.

5.2 Fort- und Weiterbildung

Die Bearbeitung und Darstellung diverser pflegerischer Ansätze bei herausforderndem Verhalten haben verdeutlicht, dass in diesem Bereich der pflegerischen Arbeit innerhalb von Demenzwohngemeinschaften Fort- und Weiterbildungsbedarf besteht. Im Folgenden soll auf die Grundlagen der Fort- und Weiterbildung im Gesundheitsbereich eingegangen werden.

So versteht man unter einer Fortbildung eine Veranstaltung bei der ein Mitarbeiter sein vorhandenes Wissen thematisch aufarbeitet und/ oder auf den neuesten Stand bringen will. Bei einer Weiterbildung steht am Ende eine Zusatzqualifikation, die man nach erfolgreicher Absolvierung erhält. Rosenstiel (zit. nach Becker 2002: 156) versteht

„Fortbildung als Vertiefung und Modernisierung von Wissen und Können nach abgeschlossener Ausbildung auf der gleichen beruflichen Ebene. Während Weiterbildung als die Veränderung und Neuorientierung des bisherigen Berufsfeldes, wozu auch die Umschulung zu rechnen ist, angesehen wird. Somit wäre Fortbildung als berufsbegleitende und Weiterbildung als berufsverändernde Bildung zu verstehen.“

Um nun den Bildungsbedarf der Mitarbeiter im eigenen Unternehmen eruieren zu können, bedarf es der Personalbildungsbedarfsermittlung. Damit der Bedarf im Allgemeinen dargestellt werden kann, sind eine Reihe von Zugängen möglich. Anhand von Befragungen von Experten oder Betroffenen mittels hochstrukturierten Fragebögen mit vorgegebenen Antwortmöglichkeiten, Checklisten, schwachstrukturierten Fragebögen oder Gruppendiskussionen kann das Ziel verfolgt werden, Aussagen über die Qualifikation der Mitarbeiter treffen zu können, die gegebenenfalls verändert werden sollen (vgl. Kerres 2003: 7f).

Der festgestellte Bedarf wird nun in den Prozess der Bedarfsdeckung übergeleitet. Es kann jedoch immer wieder vorkommen, dass aus unterschiedlichen Gründen, wie finanziellen, ideologischen, politischen oder strategischen nicht alle Bedarfe abgedeckt werden können oder auch sollen. Im Prozess der Bedarfsdeckung sind individuelle Unterschiede und Bedürfnisse zu berücksichtigen. In diesem Bereich kann man nicht von der Methode reden, vielmehr lassen sich alle gängigen Bildungsmaßnahmen als Beispiel für Personalbedarfsdeckung nennen.

„Man kann davon ausgehen, dass eine Maßnahme umso wirkungsvoller ist, je mehr Perspektiven (personal, apersonal, interpersonal) bzw. umso mehr Lernebenen (emotional, kognitiv) sie integriert" (Kerres 2003: 9).

Es ist ebenso schwierig eine Gegenüberstellung von Bedarf-Methoden zu ermöglichen, da es unmöglich ist, für alle Methoden ein entsprechendes Anforderungsprofil zu erstellen. Abschließend lässt sich sagen, dass die Qualität der angewandten Personalentwicklungsmaßnahme von einer Vielzahl von Kriterien abhängt und immer nur auf das zuvor festgelegte Ziel bewertet werden kann (vgl. Kerres 2003: 9).

Nach der Bedarfsermittlung und der –deckung folgt die Evaluierung der eingeleiteten Maßnahmen. Die wichtigsten Erkenntnisse der Evaluierung sind nach Thierau-Brunner (vgl. 1990: 261) die Funktion der Evaluierung als Planungs- und Entscheidungshilfe und hängt somit mit der Bewährung von Handlungsalternativen zusammen. Sie beschreiben die Evaluation als ziel- und zweckorientiert mit dem primären Ziel des Überprüfens, Verbesserns oder der Entscheidung von Maßnahmen. Hier liegt ihre Begründung in der Handlungsoptimierung. Im Kern sollte die Evaluation dem aktuellen Stand wissenschaftlicher Techniken und Forschungsmethoden entsprechen. Als Hilfsmittel zur Evaluation werden immer häufiger Beurteilungsbögen eingesetzt, um Dozenten, Inhalte etc. zu beurteilen. Heutzutage tritt die Beurteilung der Dozenten jedoch mehr und mehr in den Hintergrund und die Selbstevaluierung rückt in den Fokus der Fragebögen. Hier werden nach Neuberger (vgl. 1994: 64) auch die Einschätzung der eigenen Person, vor und nach der Bildungsveranstaltung erfasst, um einen Lernzuwachs individuell eruieren zu können. Elemente der Befragung vor der Veranstaltung sind Ziele für den Tag und ob diese erreicht wurden, die eigene Aktivität oder auch die Sinnhaftigkeit des Themas für die Gruppe. Am Ende des Seminartages wird unter anderem nach positiven und negativen Erlebnissen, persönlichen Veränderungen und Konsequenzen gefragt.

Den Abschluss des Personalentwicklungsprozesses bildet der Transfer, unter dem man die Implementierung des Gelernten in den individuellen Arbeitsalltag versteht. Da sich Arbeitsanforderungen immer schneller verändern und Qualifikationen als kurzlebig beschrieben werden können, zählt der Lerntransfer innerhalb der betrieblichen Bildung als kritische Größe. Bergmann et al. (vgl. 1999: 287 f) sehen nicht das Erlangen eines hohen Wachstums an Wissen als Hauptziel einer Weiterbildungsmaßnahme, sondern vielmehr die Übertragung des erworbenen Wissens, Verhaltens oder der Strategie auf die Aufgabenerfüllung am Arbeitsplatz. Jedoch ist eine Nachvollziehbarkeit und ein Nachweis des Transfers methodisch schwierig und bedarf Mehrpunktmessungen. Um das neu Erlernte in die eigene Arbeitsorganisation umzusetzen ist ein hoher Zeitaufwand notwendig. Doch je mehr die vorher angewendete Methode den einzelnen Teilnehmer involviert hat, so leichter gestaltet sich der Transfer.

Nach der Ausarbeitung der einzelnen Schritte im Personalentwicklungsprozess gilt es jetzt noch zu entscheiden, ob die jeweilige Bildungsmaßnahme im internen oder externen Rahmen ablaufen soll. Interne Maßnahmen werden von Mitarbeitern des eigenen Unternehmens oder von externen Referenten oder Dozenten im Auftrag des Unternehmens durchgeführt und auch die Verantwortung für Zielsetzung, Planung und Durchführung liegt beim Unternehmen. Bei externen Veranstaltungen hat das Unternehmen keinen Einfluss auf die Gestaltung und Zielsetzung, die Verantwortung der Konzeption und der Durchführung liegen beim externen Anbieter (vgl. Kerres 2003: 13).

Es gibt kein Patentrezept für die Wahl des einen oder des anderen, sondern es muss situativ entschieden werden. Es gibt gewisse Entscheidungskriterien, die die Auswahl von Bildungsangeboten erleichtern sollen. So rentiert sich eine interne Veranstaltung nur ab einer gewissen Teilnehmerzahl, jedoch müssen auch alle teilnehmenden Mitarbeiter zum Zeitpunkt der Maßnahme verfügbar sein, ohne dass der betriebliche Ablauf gestört wird. Themen, die Firmeninterna und Arbeitsplatz bezogene Inhalte betreffen, sollten besser intern behandelt werden, da Externen häufig die notwendigen Informationen und Kenntnisse fehlen. Unabdingbar sind interne Bildungsmaßnahmen bei Themen mit großer Vertraulichkeit. Externe Bildungsangebote gelten qualitativ als besser und in der Regel auch preisgünstiger, wenn branchenunabhängige Themen behandelt werden. Der Vorteil der Unabhängigkeit tritt hierbei in den Vordergrund und kann bei dem Blick über den Tellerrand hinaus helfen, da von außen kommende Impulse der Betriebsblindheit entgegenwirken. Bei Mitarbeitern sind externe Angebote meist beliebter und das Verlassen der firmeninternen Räume in Zusammenhang mit einer freundlichen Lernumgebung erhöhen bei vielen Teilnehmern die Lernmotivation (vgl. Mentzel 2001: 32).

5.3 Supervision

Die anspruchsvolle Arbeit der pflegenden Mitarbeiter innerhalb von Demenzwohngemeinschaften, auf die vorangegangenen Kapitel näher eingegangen wurde, kann innerhalb der einzelnen Pflegeteams zu unterschiedlichen Konfliktpotenzialen führen. Überforderung im Umgang mit den zu Pflegenden oder auch mangelnde Reflektion der eigenen Arbeit können zu Unsicherheiten und in der Folge, auch durch mangelnde Motivation, Probleme in einem Team hervorrufen. Problematisch kann es sein, dass Teamstrukturen gebildet werden müssen, obwohl die Pflegenden ggf. das Arbeiten im ambulanten Dienst gewöhnt sind. Um solchen Tendenzen entgegenwirken zu können oder im Idealfall dementsprechend präventiv zu handeln, soll nun das Konzept der Supervision erläutert werden, das sich in Deutschland gerade bei den Berufsgruppen innerhalb gesundheitlicher Einrichtungen etabliert hat (vgl. Gerlach 2003: 8). Supervision lässt sich nur schwer genau definieren, grenzt sich zum Coaching, bei dem definierte Ziele mit Methoden und Techniken erreicht werden sollen, aber insoweit ab, dass sie sich stärker auf den sich selbstreflektierenden Ansatz fokussiert. Hier werden persönliche Aspekte, wie Denken, Fühlen, Wollen etc. aufeinander abgestimmt und sinnvoll in eigenständige berufliche Handlungen eingefügt. Vordergründige Inhalte für Teilnehmer sind Fragen nach dem Geschehenen und was dies mit einem selbst und dem Team macht (vgl. Bensch-Venner et al. 1999: 51f). Die zeitliche Betrachtung innerhalb der Supervision ist auf die Gegenwart ausgerichtet, komplexe Zustände werden hier in Teilzustände zerlegt und analysiert. Ebenfalls können individuelle und kontinuierliche Lernprozesse in der Supervision verankert werden, die den Teilnehmern, auch Supervisanden genannt, dabei hilft, ihre eigene Berufspraxis hinsichtlich ihrer Höhen, Tiefen und Veränderungen leichter zu verstehen und zu bewältigen. So kann die Supervision auch als Lernform verstanden werden, bei der es nicht um eine Vermittlung von fachlichen Inhalten geht. In der Konsequenz soll Supervisanden dabei geholfen werden, ihren Beruf bzw. Aufgaben selbstständig und auf eine ganz persönliche Art ausüben zu können, indem das berufliche Umfeld gemeinsam reflektiert wird. Vor allem aber werden zwischenmenschliche Beziehungen und Beziehungsarbeit in den Vordergrund gestellt (vgl. Bensch-Venner et al. 1999: 11).

Im Ablauf der Supervision folgt der Supervisor in der Praxis dem „Niederländischen Modell", welches sich besonders für Supervisionen über einen längeren Zeitraum eignet oder dem Modell in Anlehnung an Michael Balint, welches bei einzelnen Sitzungen bevorzugt wird. Eine Kombination beider Modelle ist durchaus möglich (vgl. Gerlach 2003: 10). Egal welcher Ansatz verfolgt wird, die Supervision hat ihre großen Stärken, aufgrund des reflektierenden Ansatzes, zwischenmenschliche Konflikte zu erkennen und zu bewältigen. Gerade langanhaltende und schon länger bestehende Konflikte, denen bisher niemand begegnen wollte, können aufgebrochen und bearbeitet werden. Die Erfahrung zeigt, dass supervisierte Teams reibungsloser untereinander arbeiten können. Zu beachten gilt jedoch, dass Schnittstellen zu anderen Teams oder Bereichen nicht außer Acht gelassen werden dürfen, um bei all den bearbeiteten Details nicht die Gesamtzusammenhänge zu vergessen. Denn die Supervision unterstütz Menschen und Organisationen dabei mit Komplexität umzugehen. Dies umfasst nicht nur Themen zur Organisation, sondern es können auch Personen bezogene individuelle Gründe Inhalte einer Supervision sein. Führungskräfte nutzen häufig den Rahmen einer Einzelsupervision, um spezielle diskrete Themen in Ruhe und Abgeschirmtheit zu bearbeiten. Dies wird als sehr sinnvoller Ansatz angesehen, da eine erfolgreiche Supervision nur bei einer vertrauensvollen Atmosphäre möglich ist. Sie kann in diesem Fall bei einer beruflichen Neu- bzw. Umorientierung helfen oder auch um mit überfordernden beruflichen Situationen zurechtzukommen. Zudem kann die eigene berufliche Ausbildung professionalisiert und die Zusammenarbeit im Team oder der Abteilung verbessert werden. Auch im Falle von Umstrukturierungen von Abläufen oder Einrichtungen kann die Supervision behilflich sein. Doch es geht nicht nur um das Erreichen der einzelnen individuellen Ziele, sondern darum, dass die Teilnehmer schon während, aber spätestens nach, der Supervision in der Lage sind, sich in Zukunft in weiten Teilen selbst zu helfen. Dazu können sie ihre „Probleme" professioneller reflektieren und analysieren und so Alternativen in ihrem Handeln entwickeln. Die Führungsebene gilt durch das neu erreichte Maß an professioneller Selbstständigkeit als entlastet. In Bereichen mit schier unlösbaren Problemen oder alternativlosen, aber zu teuren, Prozessen, wird die Supervision häufig als eine Art Feuerlöscher eingesetzt, um „zu retten, was noch zu retten ist". Gesamtkonzepte werden hier meist nicht berücksichtigt, die Optimierungsversuche stoßen häufig an ihre Grenzen, da wichtige Basiselemente nicht mehr vorhanden sind und diese Basis erst wieder mühsam aufgebaut werden muss. Erst dann können Supervisionsmaßnahmen mittel- und kurzfristig wirksam sein. Auch im Bereich der Personalführung wird das Konzept der Supervision diskutiert. Das Eingreifen in die privat-persönliche Ebene kann in der Kombination einer Führungskraft und ihres Mitarbeiters als kritisch betrachtet werden, da es immer schwer ist, die Intimsphäre des Mitarbeiters zu wahren und persönliche Verletzungen zu vermeiden. Aber auch die Führungskraft kann leicht ihre schützende Rolle verlieren und sich mit einer Supervision zu viel zumuten. Das besondere Beziehungs- und Abhängigkeitsverhältnis zwischen Mitarbeiter und Führungskraft, zwischen Weisungsgebundenen und Weisungsbefugten, endet schnell in einem Rollenkonflikt, wenn es zu einem Vermischen des Privaten und Beruflichen kommt. Dies kann die zukünftige Zusammenarbeit nachhaltig belasten (vgl. Gerlach 2003: 15f).

5.4 Konzept der vollständigen Tätigkeit

Doch es geht im Bereich der Mitarbeiterführung nicht nur um die Gestaltung und Einflussnahme auf die zwischenmenschlichen Beziehungen, sondern auch die Arbeitsinhalte spielen eine große Rolle. Diese Art der Gestaltung lässt sich gut am „Konzept der vollständigen Tätigkeit" darstellen. Hierbei handelt es sich um ein handlungsregulationstheoretisches Bewertungs- und Gestaltungskonzept im Bereich beeinträchtigungsarmer und potenziell persönlichkeits- und gesundheitsförderlicher Arbeitstätigkeiten (vgl. Hacker 1998: 17). Büssing et al. (vgl. 2008: 14f) sehen zwei Bestandteile innerhalb der Vollständigkeit von Arbeitstätigkeiten. Auf der einen Seite verstehen sie die Tätigkeit als Zusammenfassung von Funktionen aus allen Phasen der Handlungsausführung. Diese Phasen beinhalten die eigenständig durchzuführende Vorbereitungs-, Organisations- und Kontrollfunktion. Diese Handlungsphasen gilt es, innerhalb ihrer zyklischen Struktur sequenziell, abzuarbeiten, so dass man hier von Vollständigkeit in sequenzieller oder zyklischer Hinsicht spricht. Die andere Seite umfasst Tätigkeiten in ihrer hierarchischen Vollständigkeit. Hier sprechen sie von Vollständigkeit, wenn Tätigkeiten den Anforderungen auf verschiedenen, einander abwechselnden Ebenen der psychischen Regulation entsprechen. Die sequenzielle und hierarchische Vollständigkeit darf nicht getrennt voneinander betrachtet werden, sondern sie stellen innerhalb ihrer Vorbereitungs-, Organisations- und Kontrollfunktionen unterschiedliche Anforderungen an den Arbeitenden als die reine Ausführung. Zusammengefasst sagt Hacker (vgl. 1998: 18), dass vollständige Tätigkeiten durch ausreichende Tätigkeitserfordernissen sowie Möglichkeiten zur Kooperation bestehen. Hinzu kommen weitere Möglichkeiten zur selbstständigen Zielfindung und –stellung sowie die Möglichkeit zur Entscheidung. Vollständige Tätigkeiten sollen sich durch produktive und nicht-algorithmische Anteile auszeichnen und Lern- und Übertragungsmöglichkeiten auf andere Arbeits- und Freizeittätigkeiten bieten.

Im Bereich der Arbeitspsychologie besteht hinsichtlich der Wirkung dieser Tätigkeitsmerkmale kein Zweifel. Vollständige Tätigkeiten führen auf Seiten der Mitarbeiter zu Wohlbefinden, psychischer Gesundheit, Arbeitszufriedenheit und Motivation. Darüber hinaus unterstützen sie die Weiterentwicklung, indem sie Abbau verhindern und einer Stagnation der Entwicklung geistiger Tätigkeiten und von Handlungskompetenzen innerhalb der Arbeit entgegenwirken. Empirische Studien zeigen, dass vollständige Tätigkeiten zudem zu geringerer Ermüdung, geringerem Monotonieerleben, Sättigung, weniger Befindensbeschwerden und in der Folge zu geringeren Krankenständen beitragen. Auf der anderen Seite zeigt der Bereich der Arbeitsforschung, dass arbeitsteilige Strukturen systematisch dazu führen, dass Mitarbeiter von gewissen Prozessen des Denkens, der Planung, von Entscheidungen und Abstimmungen ausgegrenzt werden. Hier spricht man von der sogenannten „Partialisierung", die sich in sequenziellen und hierarchischen Bereichen ausdrücken kann. So kann beispielsweise die Kontrolle der zu erbringenden Arbeit durch eine andere Abteilung oder auch eine unangemessene Arbeitsteilung zwischen Mensch und Maschine, bei der der Mensch die anspruchsarmen Tätigkeiten übernimmt, dazu führen. Eine negative Beeinträchtigung der Arbeitseffektivität und der psychischen Gesundheit der Mitarbeiter gilt als sehr wahrscheinlich, da sich die oben beispielhaft genannten Tätigkeiten weiter von Merkmalen der vollständigen Tätigkeiten entfernt. Das Bewusstmachen von vollständigen Tätigkeiten kann bei der Identifikation und Korrektur innerhalb von unzulänglichen Arbeitsprozessen behilflich sein, aber auch zukünftig geplante Prozesse von Arbeitssystemen und potenziell gesundheits- und persönlichkeitsförderlichen Arbeitstätigkeiten positiv beeinflussen. Bei all den beschriebenen positiven Auswirkungen von vollständigen Tätigkeiten, gilt es zu beachten, dass diese, eigentlich objektiven Tätigkeitsmerkmale, eng in Zusammenhang mit den jeweiligen Mitarbeitern stehen. Das Konzept setzt anforderungsgerecht ausgebildete Personen voraus und kann im Bereich von Prozessen psychischer Automatisierung nicht unbegrenzt vollständig bleiben, da Routine auch beispielsweise dazu führen kann, dass zuvor notwendige Denk- und Planungsprozesse durch fertig abrufbares Wissen ersetzt werden können. Es gilt für Mitarbeiter in Führungspositionen zu beachten, dass nur eine kontinuierliche Weiterentwicklung der Arbeitsorganisation die dargestellten positiven Auswirkungen vollständiger Tätigkeiten fördert und gleichzeitig negative Auswirkungen unvollständiger Tätigkeiten vermeidet. Hierzu muss die Arbeitsorganisation innerhalb der Wohngemeinschaften, anhand eines partizipativen Ansatzes auf den jeweiligen Mitarbeiter abgestimmt werden (vgl. Büssing et al. 2008: 15f).

5.5 Arbeitsumgebung

Zum Abschluss wird noch einmal die Arbeitsumgebung genauer betrachtet deren Gestaltung zu den „klassischen" Aufgabenbereichen der Arbeitswissenschaft gehört. Sie wird in sechs Teilbereiche, auch Arbeitsumgebungsfaktoren genannt, gegliedert. Hierzu gehören neben der Beleuchtung und dem Klima, der Lärm, mechanische Schwingungen durch Arbeitsmittel, Strahlung und elektromechanische Felder am Arbeitsplatz sowie Gefahrstoffe. Bei der Arbeitsplatzbeleuchtung ist darauf zu achten, dass deren Stärke der Art der Arbeit und dem Alter des Mitarbeiters angepasst ist. Hierbei gilt es Kontraste zu beachten und Blendungen sowie flimmerndes und flackerndes Licht zu vermeiden. Die Auswahl der Farben des Lichts sollte entsprechend der Farbgestaltung des Raumes gewählt und auf die Lichtrichtung und Schattigkeit geachtet werden. Eine regelmäßige Wartung der Beleuchtungsanlagen ist vorzunehmen. Der Bereich des Klimas lässt sich in Hitze und Kälte unterteilen. Das Raumklima ist möglichst behaglich zu gestalten und eine häufige klimatische Zustandsänderung sollte vermieden werden. Erholungspausen der Mitarbeiter sind in solch behaglichen Räumen zu gewähren. An heißen Tagen bzw. einer heißen Umgebung sollten Mitarbeiter helle und luftige Kleidung tragen und sich mit ausreichend Trinkflüssigkeit versorgen. Ein weiterer wichtiger Punkt der Arbeitsumgebung ist der Umgebungslärm bzw. –schall. Hier sollte auf eine räumliche Trennung von Arbeitsplätzen mit geringer bzw. hoher Lärmentwicklung geachtet werden. Auch der Einsatz von schalldämmenden Türen, Fenstern und Wand- und Deckenverkleidungen hilft bei der Vermeidung von Schallweiterleitung. Mitarbeiter sollten ihre Erholungspausen in lärmfreien Räumen nehmen, wie auch Arbeiten mit hohem Konzentrationspotenzial durchführen (vgl. Martin 2003: 82).

Diese Ausführungen sollen exemplarisch für die Bedeutung der Arbeitsplatzgestaltung stehen. Die vorliegende Arbeit hat zum Thema Demenzwohngemeinschaften, die nach Hasenau et al. (vgl. 2015: 255) bereits farbpsychologische Aspekte, Vorgaben von Betriebsabläufen, Auswahl von Oberflächen, Wand- und Bodenbelägen und vieles mehr berücksichtigen sollten. Hier wird für die Mieter der Rahmen für ein Leben in einer echten „Wohlfühlatmosphäre" geschaffen, von der nun auch die Mitarbeiter hinsichtlich ihrer Arbeitsplatzumgebung profitieren können.

6 Fazit

Die demenzielle Veränderung ist ein häufiges Phänomen, das mit dem Älterwerden einhergeht. Die Beeinträchtigungen auf das Leben der Betroffenen können so enorm sein, dass ein Leben ohne die Unterstützung von außen nicht mehr möglich ist. Da nicht in jedem Fall die Hilfe von Angehörigen ausreicht, ist die Wahl einer Wohneinrichtung häufig eine logische Konsequenz. Doch durch die immer weiter fortschreitende Demenzforschung und die sich dadurch ergebenden Änderungen im Verständnis von Demenz, verändern sich konsequenter Weise auch die Anforderungen an Wohneinrichtungen, wie man sie traditionell kannte. Sich mit den Anforderungen an neue Wohnformen und auch den daraus resultierenden Herausforderungen an die Arbeit, die dort geleistet wird, zu nähern, war Kernbestandteil dieser Arbeit. Dies geschah in Hinblick auf die Frage, welche besonderen Herausforderungen das Konzept der Wohngemeinschaften für Menschen mit Demenz an das Pflegepersonal stellt und wie Pflege, im Sinne der Mieter, in einer Wohngemeinschaft funktionieren soll.

Zunächst galt es dazu festzustellen, dass Demenz die häufigste psychische Veränderung im Alter ist und dass viele Menschen betroffen sind. Verhaltensweisen die damit einhergehen, wie z.B. Vergesslichkeit, Sprachprobleme oder auch Aggressionen, stellen die Pflegenden vor große Herausforderungen. Zwar war dies auch in traditionellen Altenheimen der Fall, jedoch änderte sich mit Voranschreiten der Forschung auch der Blick auf demenzielles Verhalten. Nicht mehr nur die demente Person und ihr Verhalten stehen im Vordergrund. Vielmehr erkennt man heute das Verhalten als herausfordernd an und rückt somit den Fokus auf die betreuende oder pflegende Person. Gezeigtes Verhalten hat immer eine Ursache. Dieser Ursache auf den Grund zu gehen ist Aufgabe der Pflege. Dieses Verständnis muss Grundlage für die Arbeit in Demenzwohngemeinschaften sein, da nur so ein respektvoller Umgang mit den demenziell veränderten Menschen möglich ist. Dieser Perspektivwechsel gilt ebenso als essentiell wie auch das humanistische Menschenbild, das als Fundament des pflegerischen Handelns in der Demenzwohngemeinschaft anzusehen ist. Ein wichtiges Resultat aus diesem Denkansatz ist, dass man Demenz und daraus resultierende Verhaltensweisen nicht therapieren kann oder muss. Die große Herausforderung an die Pflege besteht darin, neben herkömmlichen pflegerischen Aufgaben angemessen und respektvoll mit herausforderndem Verhalten umzugehen. Als sehr bedeutsam erwies sich dazu der personenzentrierte Ansatz nach Kitwood, demzufolge Trost, Identität, Beschäftigung, Einbeziehung und Bindung im pflegerischen Handeln im Mittelpunkt stehen sollen. Ziel muss es in jedem Fall sein, das Wohlbefinden der Mieter zu erhalten oder ggf. zu verbessern. Nur wenn man sie als autonom und ernstzunehmend ansieht, kann dies gelingen. In diesem Zusammenhang hat die Validation in den letzten Jahren immer mehr an Bedeutung gewonnen. Aber auch die Erinnerungspflege und Basale Stimulation sind wichtige pflegerische Ansätze. Einen großen Stellenwert haben dabei auch einige architektonische Besonderheiten in der Wohngemeinschaft, wie z.B. die Tatsache, dass die Türen nicht abgeschlossen werden, da die Mieter dort freiwillig und frei sind. Es handelt sich bei der Wohngemeinschaft um das Zuhause der Mieter und nicht primär um den Arbeitsplatz der Pflegenden, sodass die Wünsche und Vorlieben der Mieter Vorrang haben. Dies und dass Pflege eng mit Hauswirtschaftern und Sozialarbeitern zusammenarbeiten muss, sind neue Herausforderungen.

Um mit diesen Herausforderungen umzugehen und das Pflegepersonal bei der Arbeit zu unterstützen, wurden in dieser Arbeit ausgewählte Instrumente vorgestellt, die dem Pflegemanagement dabei zur Verfügung stehen. Von unermesslichem Wert stellte sich dabei heraus, die Pflegenden gut aus- und fortzubilden. Sie müssen sowohl die aktuellen pflegerischen Standards kennen und anwenden können, als auch die Möglichkeit haben höhere Qualifikationen zu erreichen. Dies kann zur beruflichen Zufriedenheit beitragen. Ebenfalls ist es nötig, dass das Management Top-down- und Bottom-up-Prozesse bei der Implementierung von Neuerungen und für den Führungsstil berücksichtigt. Mitarbeiter, die eine hohe Verantwortung in der Pflege in der Demenzwohngemeinschaft übernehmen, sollten auch die Möglichkeit des Mitbestimmungsrechts haben. Selbstbestimmung und Mitspracherecht am Arbeitsplatz erwiesen sich als gewinnbringend und für die Mitarbeiter zufriedenstellend. Auch für eine angemessene Arbeitsumgebung muss das Pflegemanagement Sorge tragen. Es hat sich in dieser Arbeit herausgestellt, dass das Pflegemanagement Strukturen schaffen muss, in denen es den Pflegenden möglich ist, für das Wohlbefinden der Mieter zu sorgen. Gleichzeitig muss von Seiten des Managements sichergestellt werden, dass die Belange der Mitarbeiter nicht außer Acht gelassen werden. Sich in diesem Spannungsfeld zwischen den Anforderungen an die Mitarbeiter und dem Wohlergehen der Mieter zu bewegen, ist Aufgabe des Pflegemanagements.

Quellenverzeichnis

Alzheimergesellschaft Brandenburg e.V. (Hrsg.) (2006): Ambulante Betreuung von Menschen mit Demenz in Wohngemeinschaften.

Leitfaden zur Struktur- und Prozessqualität. Potsdam: G&S Druck GmbH.

Bartholomeyczik, S.; Halek, M.; Riesner, C. (2006): Rahmenempfehlungen zum Umgang mit herausforderndem Verhalten bei Menschen mit Demenz in der stationären Altenhilfe. 1. Auflage. Witten: (Hrsg.): Bundesministerium für Gesundheit (BMG) / BMG-Modellprojekte.

Becker, M. (2002): Personalentwicklung, 3. Auflage. Stuttgart: Schäffer-Poeschel.

Bensch-Venner, I.; Hofmann, B. (1999): Pflegethema: Supervision- Chancen und Wege. Stuttgart; New York: Thieme.

Büssing, A.; Glaser, J.; Hornung S. (2008): Arbeitswissenschaft. Studienbrief 3: Gestaltung (2) - Psychische Anforderungen und Belastungen. Studienbrief der Hamburger Fern-Hochschule.

Gennrich, R.; Kämmer, K.; Klöber, C. (2004): Planungshilfe. Alltagsbegleitung und Präsenz in Hausgemeinschaften, 1. Auflage. Köln: (Hrsg.): Bundesministerium für Gesundheit und soziale Sicherung (BMGS) / BMGS-Modellprojekte.

Gerlach, C. (2003): Wahlpflichtfach Personalmanagement. Studienbrief 5: Supervision, Coaching, Teamentwicklung. Studienbrief der Hamburger-Fernhochschule.

Gibson, F. (1994): What can reminiscence contribute to people with dementia? In: Bornat, J. (Hrsg.): Reminiscence Reviewed: Evaluations, Achievements, Perspectives. Buckingham: Open University Press: 46-60.

Gröschke, D. (2000): Das Normalisierungsprinzip – zwischen Gerechtigkeit und gutem Leben: Eine Betrachtung aus ethischer Sicht. In: Verband Sonderpädagogik e.V. (Hrsg.): Zeitschrift für Heilpädagogik 51 (4). München: Reinhardt Verlag: 134-140.

Hacker, W. (1998): Allgemeine Arbeitspsychologie. Psychische Regulation von Arbeitstätigkeiten. Bern: Huber.

Halek, M.; Bartholomeyczik, S. (2006): Verstehen und Handeln. Forschungsergebnisse zu Pflege von Menschen mit Demenz und herausforderndem Verhalten. Hannover: Schlütersche.

Hasenau, C.; Michel, L.-H. (2016): Ambulant betreute Wohngemeinschaften: Gestalten, finanzieren, umsetzen (Reihe Management). Hannover: Vincentz Network.

Hüll, M. (2011): Einführung in die Thematik. In: Bundesministerium für Gesundheit (Hrsg.): Leuchtturmprojekt Demenz. Berlin: Druckerei im Bundesministerium für Arbeit und Soziales: 13-31.

Kerres, A. (2003): Wahlpflichtfach Personalmanagement. Studienbrief 4: Fortbildung, Weiterbildung, Führungskräfteentwicklung. Studienbrief der Hamburger Fern-Hochschule.

Klie, T. (Hrsg.) (2002): Wohngruppen für Menschen mit Demenz. Hannover: Vincentz Verlag.

Kitwood, T. (2008): Demenz, Der person-zentrierte Ansatz im Umgang mit verwirrten Menschen, 5., ergänzte Auflage 2008, Bern: Verlag Hans Huber.

Kuratorium Deutsche Altershilfe (2010): In: Konkret Consult Ruhr (Hrsg.): Benchmarking in Haus- und Wohngemeinschaften für Menschen mit Demenz- Ein Praxisleitfaden. Köln.

Martin, H. (2003): Arbeitswissenschaft. Studienbrief 5: Gestaltung (4)- Arbeitsumgebung. Studienbrief der Hamburger Fern-Hochschule.

Lohmann, R.; Heuft, G. (1995): Förderung der Entwicklungspotentiale im Alter. Zeitschrift für Gerontologie und Geriatrie 28.

Moniz-Cook, E. (1998): Psychological approaches to "challenging behaviour" in care homes. Journal of Dementia Care 6 (5).

Mayr, W.; Waibel, M. (2006): Psychische Störungen im Alter. In: Thiel, H.; Jensen, M.; Traxler, S. (Hrsg): Psychiatrie für Pflegeberufe. 4. Auflage. München: Elsevier GmbH.

Medizinischer Dienst des Spitzenverbandes Bund der Krankenkassen e.V. (MDS) (Hrsg.) (2009): Grundsatzstellungnahme – Pflege und Betreuung von Menschen mit Demenz in stationären Einrichtungen. Köln: crossmedia.

Menche, N. (2004): Pflege heute. München: Elsevier GmbH, Urban&Fischer Verlag.

Mentzel, W. (2001): Personalentwicklung. München: Deutscher Taschenbuchverlag.

Neuberger, O. (1994): Personalentwicklung. Stuttgart: Enke Verlag.

Schwarz, Günther (2012): Umgehen mit demenzkranken Menschen und herausforderndem Verhalten. Berlin: Psychiatrie Verlag.

Thiel, H.; Jensen, M.; Traxler, S. (2006): Psychiatrie für Pflegeberufe. 4. Auflage. München: Elsevier GmbH.

Thierau-Brunner, H.; Stangel-Meseke, M./ Wottawa, H. (1999): „Evaluation von Personalentwicklungsmaßnahmen." In: Sonntag, K. (Hrsg.): Personalentwicklung in Oragnisationen. Göttingen: Hogrefe Verlag. 261-283.

Trilling, A.; Errollyn, B.; Hodgson, S. (2001): Erinnerungen pflegen. Hannover: Vincentz Verlag.

Weyerer, S.; Schäufele, M. (2003): Evaluation der Versorgung Demenzkranker in Einrichtungen der stationären Altenhilfe: Forschungsstand und exemplarische Darstellung von Zielen, Design und Erhebungsinstrumenten einer quantitativen Studie. In: Wancata, J.; Meise, U.; Marksteiner, J. (Hrsg.): Grauzone. Die Versorgung älterer psychisch Kranker. Innsbruck: VIP Verlag Integrative Psychiatrie.

Weyerer, S. (2003): Altersdemenz. Gesundheitsberichterstattung des Bundes. Berlin: Robert Koch Institut, Statistisches Bundesamt. Heft 28.

Woodrow, P. (1998): Interventions for confusion and dementia. 3: Reminiscence. British Journal of Nursing 7(19): 1145-1149.

Zanetti, O.; Oriani, M.; Geroldi, C.; Binetti, G.; Frisoni, G.; Di Giovanni, G.; Vreese de, L. (2002): Predictors of cognitive improvement after reality orientation in Alzheimer's disease. Age Ageing 31(3): 193-196.

Online Quellen

Klie, T.; Schumacher, B. (2007): Wohngruppen in geteilter Verantwortung für Menschen mit Demenz – Das Freiburger Modell. Bundesministerium für Gesundheit Referat Öffentlichkeitsarbeit (Hrsg.), Online in Internet: „URL: https://www.bundesgesundheitsministerium.de/fileadmin/dateien/Publikatione n/Pflege/Berichte/Bericht_Wohngruppen_in_geteilter_Verantwortung_fuer_M enschen_mit_Demenz_-_Das_Freiburger_Modell.pdf"

Ernst, S. (2005): Demografischer Wandel in Deutschland. Online in

Internet:

„URL: http://www.bpb.de/politik/innenpolitik/demografischer-wandel/ [Stand: 06.10.2015]".

Loehnert-Baldermann, E. (2005): Effizienzsteigerung im Unternehmen: Top-down- und Bottom-up-Prozesse. Metrion Management Consulting GbR: Newsletter 4/ März 2005. „URL: http://www.metrionconsulting.de/node/99 [Stand: 06.10.2015]

Wittlich, S. (2006): „Wer alte Mobbt, wird versenkt". Online in Internet:

„URL: http://www.focus.de/politik/deutschland/henning-scherf_aid_115646.html [Stand: 06.10.2015]".

AOK Gesundheitspartner [Hrsg.]: „Konzeptionelle Überlegungen der

Landesverbände der Pflegekassen NRW zur Umsetzung von Hausgemeinschaf-ten als neue Wohn- und Versorgungsform in der ambulanten und statio-nären Pflege". Online in Internet:

URL: https://www.aok-gesundheitspartner.de/imperia /md/gpp/wl/pflege/stationaer/wl_pflege_stat_voll_konzept_hausgemeins ch.pdf [Stand 22.10.2015]

WOHNGEMEINSCHAFTEN FÜR MENSCHEN MIT DEMENZ UND IHRE ANFORDERUNGEN AN DAS PFLEGEPERSONAL

In Zukunft wird es in Deutschland immer mehr ältere Menschen geben, die an Demenz oder Alzheimer leiden. Doch das darf nicht bedeuten, dass die Gesellschaft ihnen die Eigenständigkeit nimmt. Denn dann besteht die Gefahr, dass diese Menschen sich in ihrer sozialen Rolle nutzlos fühlen und in die Verwahrlosung abgleiten. Doch wie können Eigenständigkeit und Pflege sowie die passende Betreuung miteinander vereinbart werden?

Die Antwort sind Wohngemeinschaften für Menschen mit Demenz. Hier können ältere Menschen selbstbestimmt leben, ohne sich zu gefährden oder zu vereinsamen. Die Wohnform stellt aber auch besondere Herausforderungen an die pflegerische Betreuung. Die Publikation von Mark Kleinknecht klärt alle wichtigen Fragen und zeigt Lösungswege auf, die sowohl auf die Pflegenden als auch auf die Bewohner zugeschnitten sind.

Kleinknecht gibt dazu einen grundlegenden Überblick über die verschiedenen Formen der Demenz und die jeweils verbundenen Herausforderungen. Daraus entwickelt er ein Konzept für die Wohngemeinschaften. Eine neue Wohnform bedeutet auch neue Rhythmen, neue Tagesabläufe und neue Prozesse. Die Pflege muss sich darüber bewusst sein und neben bewährten Methoden auch neue Wege gehen.

Aus dem Inhalt:
- Demenz
- Alzheimer
- Altenpflege
- Wohngemeinschaft
- Alter

grin.com
ISBN 9783960951452

9 783960 951452

KATHARINA BENZ

INNERE KÜNDIGUNG VON MITARBEITERN

WIE VORGESETZTE RICHTIG REAGIEREN UND WELCHE PRÄVENTIONSMASSNAHMEN SINNVOLL SIND

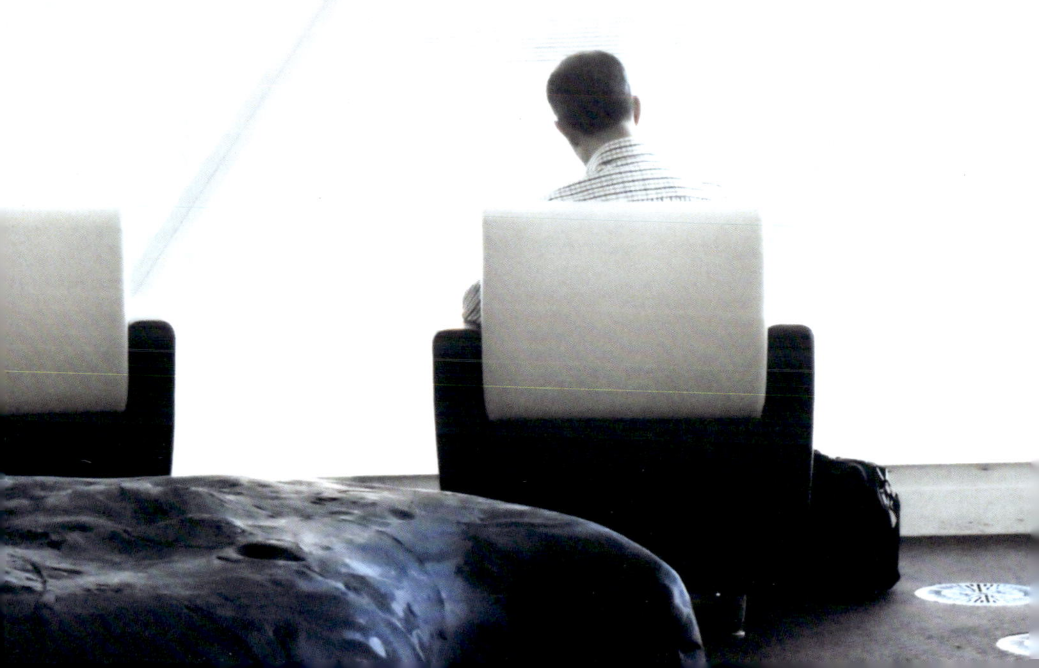